Häppchen & Tapas

Häppchen & Tapas

DIE BESTEN REZEPTE

Weltbild

Inhalt

Tapas, Antipasti, Mezze	6
Gemischte Vorspeisen	8
Rezepte	10
Bruschetta & Co.	30
Rezepte	32

Fingerfood	**66**
It's Partytime!	68
Rezepte	70
Dips & Dippers	78
Rezepte	80
Register	126

Tapas, Antipasti, Mezze

Gemischte Vorspeisen

Diese Vorspeisenplatte kostet Sie lediglich einen Besuch beim Delikatessenhändler um die Ecke, wo all die köstlichen Zutaten auf Sie warten. Wer etwas mehr Zeit hat, kann die kleinen Gerichte auch selbst zubereiten.

GRISSINI
Die knusprigen, dünnen Brotstangen bilden geschmacklich einen guten Kontrast zu den würzigen Gerichten dieser Vorspeisenplatte. Grissini gibt es mittlerweile in fast allen Supermärkten und beim italienischen Feinkosthändler.

OLIVEN
Wer die Wahl hat, hat die Qual: Oliven gibt es in zahlreichen Farbnuancen und Größen, mit Kräutern eingelegt oder gefüllt. Wenn Sie von allem etwas nehmen, zaubern Sie noch mehr Abwechslung auf Ihre Vorspeisenplatte

BOCCONCINI
Darunter versteht man in Italien kleine, etwa walnussgroße Mozzarellakugeln, die Sie pur genießen oder mit frischen und getrockneten Kräutern wie Basilikum und Oregano würzen können.

PROSCIUTTO
Meist isst man in Italien geräucherten Schinken, die berühmteste Variante kommt wahrscheinlich aus Parma. Mit Melonenstückchen oder einfach um eine Grissini-Stange gewickelt ein Hochgenuss!

CHILI-KNOBLAUCH-CHAMPIGNONS
Das Rezept für diese scharfe Köstlichkeit finden Sie auf Seite 63. Falls die Zeit zu knapp ist, bekommen Sie verschiedene Sorten von eingelegten Champignons aber auch im Delikatessengeschäft.

GEGRILLTE AUBERGINEN UND ZUCCHINI
Für dieses Gericht Auberginen und Zucchini waschen, putzen und mit dem Sparschäler längs in dünne Scheiben hobeln. Mit etwas Olivenöl in der Pfanne anbraten oder unter dem Grill rösten, bis das Gemüse gar und leicht gebräunt ist. Noch mehr Abwechslung bringen gelbe Zucchini.

ARTISCHOKEN
Eingelegte Artischockenherzen bekommen Sie in jedem Supermarkt. Sie ergänzen die Vorspeisenplatte auf wundervoll einfache Weise.

GEGRILLTE PAPRIKA
Das Rezept für gegrillte Paprika mit Kräuterdressing finden Sie auf Seite 59. Nach Belieben können Sie das Kräuterdressing auch weglassen oder Paprika in verschiedenen Farben verwenden. In Delikatessengeschäften gibt es gegrillte Paprika auch frisch zu kaufen.

Auberginen in Knoblauch-Tomaten-Sauce

1 große Aubergine (ca. 500 g)
Grobes Meersalz
125 ml Olivenöl
1 EL Olivenöl
1 kleine Zwiebel (ca. 80 g), fein gehackt
3 zerdrückte Knoblauchzehen
1 Dose geschälte Tomaten (ca. 400 g)
1 EL Tomatenmark
1 EL frisches Basilikum, fein gehackt
½ TL Zucker
Schwarzer Pfeffer, frisch gemahlen

Die Aubergine waschen, putzen und längs in etwa 1 Zentimeter dicke Scheiben schneiden. Die Scheiben anschließend quer in etwa 1 Zentimeter breite Streifen schneiden. Die Streifen in ein Sieb geben, mit dem Meersalz bestreuen und 30 Minuten ziehen lassen. Kalt abspülen und mit Küchenkrepp trockentupfen.

Die Hälfte der 125 Milliliter Öl in einer großen Pfanne erhitzen und die Hälfte der Auberginenstreifen darin auf allen Seiten anbraten. Mit dem Rest des Öls und der Auberginen ebenso verfahren. Den zusätzlichen Esslöffel Öl in derselben Pfanne erhitzen und Zwiebeln und Knoblauch darin andünsten. Die Tomaten mitsamt der Flüssigkeit hinzufügen und mit 125 Milliliter Wasser, Tomatenmark, Basilikum, Zucker und Pfeffer aufkochen lassen. Etwa 10 Minuten bei geringer Hitze ohne Deckel köcheln lassen. Mit den Auberginenstreifen vermengen und heiß oder kalt servieren.

Für 6 Personen

Frittierte Käseteigtaschen

300 g Mehl
1 TL Backpulver
1 EL Olivenöl
180 ml Rinderfond
1 Eiweiß
50 g Ricotta
40 g alter Cheddar, grob geraspelt
50 g Mozzarella, grob geraspelt
25 g Parmesan, grob geraspelt
50 g Salami, in feine Streifen geschnitten
1 EL frischer Rosmarin, fein gehackt
1 Prise gemahlene Muskatnuss
Öl zum Frittieren

Das Mehl mit dem Backpulver in eine große Schüssel geben und gut vermengen. Das Olivenöl mit dem Rinderfond verrühren und nach und nach unter Kneten in den Teig einarbeiten, bis sich eine glatte, elastische Masse ergibt. Mit einem feuchten Küchentuch zudecken und 5 Minuten ruhen lassen.

Das Eiweiss leicht aufschlagen und mit den Käsesorten, der Salami, dem Rosmarin und der Muskatnuss vermengen. Den Teig auf bemehlter Arbeitsfläche sehr dünn ausrollen und etwa 5 Zentimeter große Kreise ausstechen. In die Mitte jedes Teigkreises 1 gestrichenen Teelöffel der Käsemischung geben. Die Teigränder mit Wasser bestreichen, einen weiteren Teigkreis daraufsetzen und fest andrücken.

Die Teigtaschen portionsweise in dem Öl frittieren, bis sie gut gebräunt sind, und vor dem Servieren auf Küchenkrepp abtropfen lassen.

Für 45 Teigtaschen

Gratinierte Miesmuscheln

Die Muscheln waschen, putzen und zugedeckt in 180 Milliliter Wasser etwa 3 Minuten oder so lange kochen lassen, bis sie sich öffnen. Muscheln, die sich nicht öffnen, wegwerfen.

Das Muschelfleisch aus der Schale lösen, die Hälfte der Schalen aufheben. Das Muschelfleisch mit Öl, Knoblauch und Petersilie vermengen und zugedeckt 30 Minuten in den Kühlschrank stellen.

Den Ofen auf 220°C (Umluft: 200°C) vorheizen. Je 1 Muschel in 1 Schalenhälfte und diese auf ein mit Backpapier ausgelegtes Backblech setzen. Die Tomatenstückchen mit den Semmelbröseln vermengen und teelöffelweise über die Muscheln geben. 5 Minuten im Ofen überbacken, bis die Semmelbrösel bräunen.

Für etwa 24 Muschelhälften

500 g Miesmuscheln
60 ml Olivenöl
1 zerdrückte Knoblauchzehe
2 EL glatte Petersilie, fein gehackt
1 gehäutete und entkernte Tomate, in kleine Stückchen geschnitten
35 g Semmelbrösel

Gegrilltes Gemüse mit Balsamico-Dressing

2 mittelgroße grüne Paprikaschoten
2 mittelgroße rote Paprikaschoten
2 mittelgroße gelbe Paprikaschoten
1 große rote Zwiebel (ca. 300 g)
2 mittelgroße grüne Zucchini (ca. 240 g)
2 mittelgroße gelbe Zucchini (ca. 240 g)
6 Baby-Auberginen (ca. 360 g)
4 EL Olivenöl

Für das Balsamico-Dressing:
2 EL frisch gepresster Zitronensaft
1 zerdrückte Knoblauchzehe
60 ml Olivenöl
2 EL Aceto balsamico
1 EL frischer Oregano, fein gehackt

Die Paprikaschoten vierteln, entkernen, waschen und in breite Streifen schneiden. Die Zwiebel abziehen und achteln. Die Zucchini und Auberginen waschen, putzen und mit dem Sparschäler längs in dünne Scheiben hobeln.

Das Olivenöl portionsweise in einer großen Pfanne erhitzen und das Gemüse darin auf allen Seiten anbraten oder unter dem Grill bräunen lassen.

Die Zutaten für das Balsamico-Dressing gut vermengen und das Gemüse vor dem Servieren damit beträufeln.

Für 6 Personen

Crostini

Für dieses Rezept brauchen Sie das typisch italienische Ciabatta-Brot, das Sie mittlerweile bei fast jedem Bäcker bekommen.

OLIVEN-KRÄUTER-TOPPING
250 g grüne Oliven, fein gehackt
1 sehr kleine Zwiebel (ca. 25 g), grob gehackt
1 zerdrückte Knoblauchzehe
80 ml Olivenöl, extra vergine
1 EL glatte Petersilie, fein gehackt
1 TL frischer Oregano, fein gehackt
1 TL frisch gepresster Zitronensaft

TOMATEN-SARDELLEN-TOPPING
3 mittelgroße Eiertomaten (ca. 225 g), in dünne Scheiben geschnitten
150 g Mozzarella, in dünne Scheiben geschnitten
45 g Sardellen aus dem Glas

TOPPING AUS GEMISCHTEN PILZEN
10 g getrocknete Steinpilze
30 g Butter
2 EL Olivenöl
125 g braune Champignons, in dünne Scheiben geschnitten
125 g weiße Champignons, in dünne Scheiben geschnitten
125 g Austernpilze, in feine Streifen geschnitten
2 zerdrückte Knoblauchzehen
¼ TL gemahlene Muskatnuss
2 TL frisch gepresster Zitronensaft
2 EL glatte Petersilie, fein gehackt

FÜR 6 PERSONEN

DEN OFEN auf 200°C (Umluft: 180°C) vorheizen. Das Ciabatta in etwa 1 Zentimeter dicke Scheiben schneiden, auf ein Backblech legen und etwa 5 Minuten auf jeder Seite im Ofen backen. Abkühlen lassen und mit den jeweiligen Toppings belegt servieren.

FÜR DAS Oliven-Kräuter-Topping Oliven, Zwiebeln und Knoblauch mit dem Stabmixer pürieren. Das Öl in einem dünnen Strahl zugießen und weiter pürieren, bis sich eine einheitliche Masse ergibt. Kräuter und Zitronensaft unterrühren.

FÜR DAS Tomaten-Sardellen-Topping die Crostini mit Tomatenscheiben, Mozzarella und Sardellen belegen und im Ofen überbacken, bis der Mozzarella leicht geschmolzen ist.

FÜR DAS Topping aus gemischten Pilzen die getrockneten Steinpilze in eine kleine Schüssel geben, mit 250 Milliliter kochendem Wasser übergießen und 30 Minuten einweichen. Abgießen, dabei 80 Milliliter Flüssigkeit auffangen. Butter und Öl in einer großen Pfanne erhitzen und sämtliche Pilze sowie Knoblauch und Muskatnuss darin unter Rühren 5 Minuten anbraten. Das Pilzwasser hinzufügen und 5 Minuten eindampfen lassen. Zitronensaft und Petersilie unterrühren.

Frittierte Sardinen

20 g Ghee (geklärte Butter; aus dem Asia-Laden)
½ TL gemahlener Kreuzkümmel
½ TL gemahlener Koriander
200 g Naturjoghurt
1 kleine Salatgurke (ca. 130 g), entkernt und in kleine Stückchen geschnitten
1 zerdrückte Knoblauchzehe
1 EL frisch gepresster Zitronensaft
150 g Mehl
1 kleine Handvoll frischer Koriander, grob gehackt
500 g küchenfertige Sardinen
Öl zum Frittieren

Das Ghee in einer kleinen Pfanne erhitzen und die gemahlenen Gewürze darin andünsten, bis sie zu duften beginnen. Abkühlen lassen.

Joghurt, Gurke, Knoblauch und Zitronensaft vermengen. Die Gewürzmischung unterrühren.

Das Mehl in eine große Schüssel geben und mit dem frischen Koriander vermengen. Die Sardinen abbrausen und noch feucht in dem Mehl wenden, bis sie gut paniert sind.

Das Öl erhitzen und die Sardinen darin frittieren. Auf Küchenkrepp abtropfen lassen und mit dem Joghurt-Dip servieren.

Für 4 Personen

Auberginensalat alla caprese

3 kleine Auberginen (ca. 700 g), in etwa 1 cm dicke Scheiben geschnitten
Grobes Meersalz
2 EL Olivenöl
2 mittelgroße Tomaten (ca. 380 g), in dünne Scheiben geschnitten
350 g Mozzarella, in dünne Scheiben geschnitten
1 Handvoll frische Basilikumblätter
Für das Dressing:
60 ml Olivenöl
1 zerdrückte Knoblauchzehe
1 TL Senf
1 TL Zucker
2 EL Rotweinessig

DIE AUBERGINENSCHEIBEN in ein Sieb geben, mit dem Meersalz bestreuen und 30 Minuten ziehen lassen. Mit kaltem Wasser abbrausen und auf Küchenkrepp abtropfen lassen. Das Öl in einer Pfanne erhitzen und die Auberginen darin auf allen Seiten anbraten oder unter dem Grill bräunen lassen.

FÜR DAS DRESSING alle Zutaten gut miteinander verrühren.

DIE AUBERGINENSCHEIBEN abwechselnd mit Tomatenscheiben und Mozzarella auf einer Platte anrichten und mit dem Basilikum garnieren. Drei Viertel des Dressings darüberträufeln und den Salat mindestens 15 Minuten kalt stellen. Vor dem Servieren mit dem restlichen Dressing beträufeln.

FÜR 6 PERSONEN

Tomaten-Basilikum-Zwiebel-Salat

4 große Eiertomaten (ca. 360 g), in dünne Scheiben geschnitten
1 kleine rote Zwiebel (ca. 100 g), in dünne Scheiben geschnitten
2 EL frische kleine Basilikumblätter
Salz
Schwarzer Pfeffer, frisch gemahlen
1 Prise Zucker
2 TL Aceto balsamico
2 TL Olivenöl, extra vergine

Tomaten, Zwiebeln und Basilikum abwechselnd auf eine Platte schichten und mit Salz, Pfeffer und Zucker bestreuen. Mit Aceto balsamico und Olivenöl beträufelt servieren.

Für 4 Personen

Pikanter Calamari-Salat

600 g küchenfertige Calamari
2 EL Olivenöl
1 mittelgroßer Zucchino (ca. 120 g)
1 kleiner Kopf Radicchio
4 mittelgroße Eiertomaten (ca. 300 g), in dicke Scheiben geschnitten

FÜR DAS DRESSING:
2 EL frisch gepresster Zitronensaft
80 ml Olivenöl
1 zerdrückte Knoblauchzehe
½ TL Tabasco-Sauce
2 EL glatte Petersilie, fein gehackt
1 EL frisches Basilikum, in feine Streifen geschnitten

DIE CALAMARI in etwa 1 Zentimeter breite Ringe schneiden. Das Öl in einer großen Pfanne erhitzen und die Calamari darin bei großer Hitze unter Wenden etwa 3 Minuten anbraten.

FÜR DAS DRESSING alle Zutaten gut miteinander verrühren.

DIE CALAMARI in eine Schüssel geben, mit dem Dressing vermengen und zugedeckt 3 Stunden im Kühlschrank marinieren lassen.

DEN ZUCCHINO mit einem Sparschäler längs in dünne Streifen hobeln. Salat, Tomaten, Zucchini und Calamari mitsamt der Marinade auf einer Servierplatte anrichten.

FÜR 6 PERSONEN

Rucola-Polenta-Schnitten

60 g Butter
1 kleine Stange Lauch (ca. 200 g), in feine Streifen geschnitten
2 zerdrückte Knoblauchzehen
50 g Mehl
2 EL Instant-Polenta
250 ml Milch
4 Eier, getrennt
40 g Parmesan, grob gerieben
125 g Rucola, grob gehackt

Eine grosse feuerfeste Form einfetten.

Die Butter in einer Pfanne erhitzen und Lauch und Knoblauch darin andünsten. Nach und nach das Mehl und die Polenta dazugeben und unter Rühren 1 Minute anbraten. Die Pfanne vom Herd nehmen und nach und nach die Milch unterrühren. Die Pfanne wieder auf den Herd stellen und die Mischung unter Rühren aufkochen lassen. Erneut vom Herd nehmen und die leicht geschlagenen Eigelbe sowie Parmesan und Rucola unterrühren. Die Mischung in eine Schüssel geben.

Den Ofen auf 220°C (Umluft: 200°C) vorheizen. Die Eiweiße steif schlagen und portionsweise unter die Polentamischung heben. Den Teig in der eingefetteten Form verteilen und etwa 12 Minuten im Ofen backen. In Dreiecke geschnitten servieren.

Für 6 Personen

Frittierte Bocconcini

400 g Bocconcini (etwa 40 Stück)
100 g Semmelbrösel
60 g Parmesan, fein gerieben
2 EL frisches Basilikum, fein gehackt
etwas Mehl zum Wenden
3 leicht geschlagene Eier
Öl zum Frittieren

DIE MOZZARELLAKUGELN auf Küchenkrepp abtropfen lassen. In einer Schüssel Semmelbrösel, Parmesan und Basilikum vermengen.

DIE BOCCONCINI in etwas Mehl, dann in dem verquirlten Ei und schließlich in den Semmelbröseln wenden. Erneut in Ei und Semmelbröseln wenden und 30 Minuten kühl stellen.

DIE BOCCONCINI portionsweise in dem Öl frittieren, auf Küchenkrepp abtropfen lassen und heiß servieren.

FÜR 10 PERSONEN

Borlotti-Bohnen mit Tomaten

30 g Butter
1 zerdrückte Knoblauchzehe
45 g Sardellenfilets, fein gehackt
2 mittelgroße Zwiebeln (ca. 300 g), fein gehackt
3 mittelgroße Tomaten (ca. 600 g), fein gehackt
1 EL Tomatenmark
1 EL frisches Basilikum, fein gehackt
½ TL Zucker
1 kg geschälte Borlotti-Bohnen (auch bekannt als Römische Bohnen)

Für 6 Personen

Die Butter in einer großen Pfanne zerlassen. Knoblauch, Sardellen, Zwiebeln und Tomaten darin andünsten. Tomatenmark, Basilikum, Zucker und Bohnen dazugeben und alles gut miteinander vermengen.

250 Milliliter Wasser hinzufügen, aufkochen lassen. Anschließend bei geringer Hitze etwa 30 Minuten köcheln lassen, bis die Bohnen gar sind.

Knoblauchpizza mit Pesto

2 fertige Pizzateige (ca. 26 cm Durchmesser)
2 Knoblauchzehen, in dünne Scheiben geschnitten
125 g geriebener Emmentaler
2 EL Olivenöl

Für das Pesto:
1 Handvoll frische Basilikumblätter
20 g Parmesan, fein gerieben
2 EL geröstete Pinienkerne
2 Knoblauchzehen, grob gehackt
125 ml Olivenöl

Den Ofen auf 220°C (Umluft: 200°C) vorheizen. Den Pizzateig auf zwei mit Backpapier ausgelegte Backbleche legen, mit den Knoblauchscheiben und dem Emmentaler belegen und mit dem Öl beträufeln. Etwa 10 Minuten im Ofen backen.

In der Zwischenzeit das Pesto zubereiten. Dafür Basilikum, Parmesan, Pinienkerne und Knoblauch mit dem Stabmixer pürieren. Nach und nach das Öl hinzufügen, bis eine glatte Masse entstanden ist. Bis zur Weiterverwendung kühl stellen.

Die heisse Pizza in Stücke schneiden und mit dem Pesto servieren.

Für 8 Personen

Frittata mit Spinat, Pilzen und Käse

Etwas Fett für die Form
2 EL Olivenöl
250 g weiße Champignons, in dünne Scheiben geschnitten
100 g braune Champignons, in dünne Scheiben geschnitten
1 mittelgroße Zwiebel (ca. 150 g), fein gehackt
1 zerdrückte Knoblauchzehe
100 g junge Spinatblätter, in feine Streifen geschnitten
6 Eier
125 g Sahne
1 EL frisches Basilikum, in feine Streifen geschnitten
2 TL frischer Oregano, fein gehackt
40 g fein geriebener Parmesan
Schwarzer Pfeffer, frisch gemahlen

DEN OFEN auf 180°C (Umluft: 160°C) vorheizen. Eine feuerfeste Auflaufform einfetten oder mit Backpapier auslegen.

DAS ÖL in einer großen Pfanne erhitzen und die Pilze darin unter Rühren anbraten, bis sie leicht bräunen. Zwiebeln und Knoblauch hinzufügen und mitdünsten. Den Spinat dazugeben, zusammenfallen lassen und das Ganze etwa 5 Minuten abkühlen lassen. Eier und Sahne in einer großen Schüssel schlagen, bis eine glatte Creme entsteht. Die Pilzmischung und die restlichen Zutaten unterrühren.

DIE MISCHUNG in die Auflaufform geben und etwa 25 Minuten im Ofen backen. 10 Minuten abkühlen lassen und in 16 Stücke schneiden. Warm oder kalt servieren.

FÜR 16 STÜCKE

Melone mit Prosciutto

½ Honig- oder Netzmelone (ca. 850 g)
12 Scheiben roher Schinken (ca. 180 g)
1 EL Rotweinessig
60 ml Olivenöl
½ zerdrückte Knoblauchzehe
¼ TL Zucker
1 TL glatte Petersilie, fein gehackt
1 TL frischer Oregano, fein gehackt

MELONE SCHÄLEN, entkernen und in 12 Stücke schneiden. Jedes Stück mit einer Scheibe Schinken umwickeln.

DIE RESTLICHEN Zutaten gut miteinander verrühren. Die Melone mit der Vinaigrette beträufeln und nach Belieben mit Salatblättern garniert servieren.

FÜR 6 PERSONEN

Drei Bruschettavariationen

Bruschetta, die köstliche italienische Toastvariante mit Ciabatta, hat schon längst Einzug auch in die deutsche Küche gehalten. Dabei mischt sich einfach mit raffiniert: Eigentlich sind es nur belegte Brote, doch beim Topping können Sie Ihrer Fantasie freien Lauf lassen.

Die Mengenangaben der Toppings beziehen sich auf 1 Ciabatta, das etwa 25 Scheiben ergibt.

1 Ciabatta
2 Knoblauchzehen, abgezogen und halbiert
2 EL Olivenöl

Das Ciabatta in etwa 1 Zentimeter dicke Scheiben schneiden. Unter den Grill schieben und leicht bräunen lassen. Auf einer Seite mit Knoblauch einreiben und mit Olivenöl beträufeln. Anschließend mit dem jeweiligen Topping belegen.

ZUCCHINI-PINIENKERN-TOPPING
2 EL Olivenöl
1 EL Pinienkerne
1 zerdrückte Knoblauchzehe
1 Baby-Aubergine (ca. 80 g), in feine Stückchen geschnitten
1 kleine Tomate (ca. 130 g), in feine Stückchen geschnitten
2 kleine Zucchini (ca. 180 g), in feine Stückchen geschnitten
6 schwarze Oliven, fein gehackt
2 EL Sultaninen
2 TL Rotweinessig
1 EL frisches Basilikum, fein gehackt
1 EL glatte Petersilie, fein gehackt

FÜR DAS ZUCCHINI-PINIENKERN-TOPPING das Öl in einer Pfanne erhitzen. Pinienkerne, Knoblauch und Aubergine darin 5 Minuten anbraten. Tomaten, Zucchini, Oliven, Sultaninen und Essig dazugeben und unter Rühren mitdünsten. Abkühlen lassen und Basilikum und Petersilie unterrühren.

PAPRIKA-OLIVEN-TOPPING
2 große rote Paprikaschoten (ca. 700 g)
1 EL frisch gepresster Zitronensaft
2 TL Kapern
1 zerdrückte Knoblauchzehe
1 kleine Handvoll glatte Petersilie, fein gehackt
1 TL gemahlener Kreuzkümmel
2 TL Zucker
40 g schwarze Oliven, in feine Scheiben geschnitten

FÜR DAS PAPRIKA-OLIVEN-TOPPING die Paprikaschoten vierteln, putzen, entkernen und waschen. Mit der Haut oben unter den Grill legen, bis die Haut bräunt und Blasen wirft. Mit Alufolie bedecken und 5 Minuten weitergrillen. Die Haut abziehen und die Paprika mit Zitronensaft, Kapern, Knoblauch, Petersilie, Kreuzkümmel und Zucker mithilfe des Stabmixers pürieren. Die Olivenscheiben unterrühren.

Tomaten-Basilikum-Topping

3 kleine Tomaten (ca. 400 g), in feine Stückchen geschnitten
1 kleine rote Zwiebel (ca. 100 g), fein gehackt
1 kleine Handvoll frisches Basilikum, in feine Streifen geschnitten
1 EL Olivenöl

Für das Tomaten-Basilikum-Topping alle Zutaten in einer kleinen Schüssel miteinander vermengen. Nach Belieben die Bruschetta noch mit Basilikumblättchen garnieren.

Skordalia mit Roter Bete

1,8 kg frische junge Rote Bete
1 zerdrückte Knoblauchzehe
60 ml Olivenöl
2 EL Rotweinessig
Für das Skordalia:
2 mittelgroße Kartoffeln (ca. 400 g)
4 Scheiben altes Weißbrot
6 zerdrückte Knoblauchzehen
60 ml Olivenöl
2 EL frisch gepresster Zitronensaft

Die Rote Bete von Stielen und Blättern befreien, ungeschält gar kochen, abgießen. 10 Minuten abkühlen lassen, noch warm schälen und halbieren.

Für das Skordalia die Kartoffeln gar kochen, abgießen und zerstampfen. Das Brot entrinden und 2 Minuten in kaltem Wasser einweichen. Abgießen, ausdrücken. Brot, Kartoffeln und Knoblauch zu einer glatten Creme verrühren, nach und nach Olivenöl und Zitronensaft in einem dünnen Strahl zugießen und ebenfalls verrühren.

Die Rote Bete auf einer Servierplatte anrichten, mit Knoblauch, Olivenöl und Essig beträufeln und mit dem Skordalia servieren. Nach Belieben noch mit gemahlenem Kreuzkümmel und frischem schwarzem Pfeffer bestreuen.

Für 6 Personen

Blätterteigtaschen mit Champignons

14 Filo-Teigblätter (sehr feiner Blätterteig, aus dem griechischen oder türkischen Feinkostgeschäft)
60 g Butter
1 große Zwiebel (ca. 200 g), fein gehackt
750 g Champignons, fein gehackt
20 g fein geriebener Parmesan
25 g Semmelbrösel
100 g zerlassene Butter

Um zu verhindern, dass der Blätterteig austrocknet, bis zur Verwendung mit einem feuchten Küchentuch bedecken.

Die Butter in einer großen Pfanne zerlassen und die Zwiebeln darin glasig dünsten. Die Pilze dazugeben und mitdünsten, bis die Flüssigkeit verdampft ist. Die Pfanne vom Herd nehmen und Parmesan und Semmelbrösel unterrühren.

Den Ofen auf 200°C (Umluft: 180°C) vorheizen. Je 2 Filo-Blätter mit etwas zerlassener Butter bestreichen und aufeinanderlegen. Die Blätter längs in vier Streifen schneiden.
1 Esslöffel der Champignon-Mischung auf ein Ende jedes Streifens setzen. Eine Teigecke diagonal über die Füllung zur anderen Teigecke hin falten, sodass sich ein Dreieck ergibt. Bis zum Ende des Streifens so fortfahren. Die Dreiecke wiederum mit etwas zerlassener Butter bestreichen und den Rest der Teigblätter und der Füllung ebenso verarbeiten.

Die Dreiecke auf ein mit Backpapier ausgelegtes Backblech legen und etwa 15 Minuten im Ofen backen.

Für 28 Teigtaschen

Taramá mit Artischocken

4 Scheiben altes Weißbrot
100 g Taramá
½ kleine Zwiebel (ca. 40 g), grob gehackt
1 kleine zerdrückte Knoblauchzehe
60 ml frisch gepresster Zitronensaft
160 ml Olivenöl
6 frische kleine Artischocken (ca. 900 g)

Das Brot entrinden und 2 Minuten in kaltem Wasser einweichen. Abgießen, ausdrücken. Brot, Taramá, Zwiebeln, Knoblauch und Zitronensaft mit dem Stabmixer pürieren, bis eine glatte Creme entsteht. Das Öl in einem dünnen Strahl zugießen und unterrühren.

Den Stiel der Artischocken so abschneiden, dass sie von alleine stehen. Die äußeren Blätter entfernen. Die Artischocken waschen und in einen großen Topf mit kochendem Wasser geben. 30 Minuten ohne Deckel kochen lassen, abgießen und unter kaltem Wasser abbrausen. Die Artischocken öffnen, das Heu entfernen.

Artischockenherzen und zarte Blätter auf einer Platte anrichten und mit dem Taramá servieren.

Für 6 Personen

Auberginendip

1 große Aubergine (ca. 500 g)
1 mittelgroße Zwiebel (ca. 150 g), fein gehackt
75 g Semmelbrösel
2 EL Naturjoghurt
3 zerdrückte Knoblauchzehen
1 Handvoll glatte Petersilie, fein gehackt
1 EL Apfelessig
1 ½ EL frisch gepresster Zitronensaft
125 ml Olivenöl

DEN OFEN auf 220°C (Umluft: 200°C) vorheizen. Die Aubergine auf allen Seiten mit einer Gabel einstechen und auf ein mit Backpapier ausgelegtes Backblech legen.

1 STUNDE im Ofen backen, 15 Minuten abkühlen lassen. Schälen und das Fruchtfleisch grob hacken.

DAS FRUCHTFLEISCH und die restlichen Zutaten mit dem Stabmixer zu einer glatten Creme pürieren und vor dem Servieren mindestens 3 Stunden kühl stellen.

FÜR 6 PERSONEN

Gefüllte Zucchini und Auberginen

6 mittelgroße Zucchini (ca. 720 g)
6 Baby-Auberginen (ca. 360 g)
2 EL Olivenöl
1 mittelgroße Zwiebel (ca. 150 g), fein gehackt
2 zerdrückte Knoblauchzehen
400 g Hackfleisch
1 Dose geschälte Tomaten (ca. 400 g)
70 g Tomatenmark
250 ml Rinderfond
65 g Rundkornreis
2 EL glatte Petersilie, fein gehackt
40 g Parmesan, fein gerieben

Für die Sauce:
30 g Butter • 1 ½ EL Mehl • 250 ml Milch • 1 leicht geschlagenes Ei • 1 Prise gemahlene Muskatnuss

Zucchini und Auberginen längs halbieren und aushöhlen. Fruchtfleisch fein würfeln.

Das Öl in einer großen Pfanne erhitzen und Zwiebeln und Knoblauch darin andünsten. Das Hackfleisch hinzufügen und anbraten. Zucchini- und Auberginenwürfel sowie Tomaten mitsamt der Flüssigkeit, Tomatenmark und Rinderfond dazugeben. Aufkochen lassen und den Reis hinzufügen. Bei geringer Hitze etwa 15 Minuten köcheln lassen. Die Petersilie unterrühren.

Den Ofen auf 180°C (Umluft: 160°C) vorheizen.

In der Zwischenzeit die Sauce zubereiten. Dafür die Butter in einer kleinen Pfanne zerlassen und das Mehl hineinstäuben. Leicht bräunen lassen und nach und nach die Milch hinzufügen. Dabei darauf achten, dass sich keine Klümpchen bilden. Abkühlen lassen und Eier und Muskatnuss unterrühren.

Zucchini- und Auberginen-»Schiffchen« auf ein mit Backpapier ausgelegtes Backblech setzen und mit der Hackfleischmischung füllen. Mit der Sauce beträufeln und mit dem Parmesan bestreuen. Etwa 35 Minuten im Ofen backen.

Für 24 »Schiffchen«

Dolmádes

200 g Weinblätter
500 g Lammhackfleisch
1 mittelgroße Zwiebel (ca. 150 g), fein gehackt
1 kleine Handvoll frische Minze, fein gehackt
1 Handvoll glatte Petersilie, fein gehackt
½ TL getrockneter Thymian
70 g gekochter Rundkornreis
750 ml konzentrierte Gemüsebrühe

FÜR DAS DRESSING:
1 EL Olivenöl
1 EL frisch gepresster Zitronensaft

DIE WEINBLÄTTER in eine große Schüssel legen, mit kochendem Wasser übergießen und 1 Stunde einweichen. Abgießen, dabei das Einweichwasser auffangen. Die Blätter kalt abbrausen und abtropfen lassen. Lammhackfleisch, Zwiebeln, Kräuter und Reis in einer mittelgroßen Schüssel vermengen. Die Weinblätter mit der glatten Seite nach unten auf ein Brett legen. Die Lammmischung teelöffelweise auf den Weinblättern verteilen, die Weinblätter aufrollen.

DIE DOLMÁDES in einer einzigen Schicht in einen großen Topf legen und mit der Gemüsebrühe übergießen. So viel Einweichwasser hinzufügen, bis die Dolmádes ganz bedeckt sind. Einen Teller auf die Dolmádes stellen, damit sie sich nicht bewegen. Aufkochen lassen und anschließend bei geringer Hitze 45 Minuten köcheln lassen.

FÜR DAS DRESSING Öl und Saft gut miteinander verrühren.

DIE DOLMÁDES abgießen und mit dem Dressing beträufelt servieren.

FÜR 30 STÜCK

Blumenkohl mit Kräutervinaigrette

1 mittelgroßer Blumenkohl (ca. 1,5 kg)
180 ml Olivenöl
60 ml Weißweinessig
1 EL frisch gepresster Zitronensaft
2 EL frischer Dill, fein gehackt
1 EL glatte Petersilie, fein gehackt
Salz
Schwarzer Pfeffer, frisch gemahlen

Den Blumenkohl waschen, putzen und in Röschen zerteilen. Gar kochen, abgießen und kalt abbrausen.

Den Blumenkohl mit Öl, Essig, Saft und Kräutern in eine große Schüssel geben und alles gut miteinander vermengen. Mit Salz und Pfeffer abschmecken. Kalt servieren.

Für 6 Personen

Garnelen mit Tomaten, Thymian und Schafskäse

Für dieses Rezept brauchen Sie 20 Bambusspieße. Weichen Sie diese vor Gebrauch etwa 20 Minuten in Wasser ein, dann splittern oder versengen die Spieße nicht.

20 frische große Garnelen (ca. 1 kg)
60 ml Olivenöl
2 EL frisch gepresster Zitronensaft
2 zerdrückte Knoblauchzehen
1 TL frischer Thymian, fein gehackt
2 mittelgroße Eiertomaten (ca. 150 g), fein gewürfelt
100 g Schafskäse
Schwarzer Pfeffer, frisch gemahlen
1 EL Olivenöl
2 TL frisch gepresster Zitronensaft
1 EL frische Minze, in feine Streifen geschnitten

DIE GARNELEN von Schalen und Darmfäden befreien, kalt abbrausen, trockentupfen. Je eine Garnele auf einen Bambusspieß stecken und in eine flache Auflaufform legen. Olivenöl, Zitronensaft, Knoblauch und Thymian miteinander verrühren und die Garnelen damit beträufeln. Zugedeckt 30 Minuten im Kühlschrank ziehen lassen.

DIE GARNELEN unter dem Grill rösten, bis sie ihre Farbe ändern und gar sind.

DIE GARNELENSPIESSE mit Tomatenwürfeln, zerkrümeltem Schafskäse und Pfeffer bestreuen, mit dem restlichen Öl und Zitronensaft beträufeln und mit der Minze garniert servieren.

FÜR 20 SPIESSE

Lamm-Knoblauch-Spieße

Für dieses Rezept brauchen Sie 16 Bambusspieße. Weichen Sie diese vor Gebrauch etwa 20 Minuten in Wasser ein, dann splittern oder versengen die Spieße nicht.

1 kg Lammfilets
1 große Zwiebel (ca. 200 g), grob gehackt
2 zerdrückte Knoblauchzehen
2 TL fein abgeriebene Zitronenschale
1 EL frischer Rosmarin, fein gehackt
¼ TL Cayennepfeffer
1 TL gemahlener Koriander
2 TL gemahlener Kreuzkümmel
60 ml Rotweinessig
125 ml Olivenöl

DAS LAMM waschen, trockentupfen und in etwa 2 Zentimeter große Würfel schneiden. Die Würfel auf 16 Bambusspieße verteilen und die Spieße in eine flache Auflaufform legen. Die restlichen Zutaten gut miteinander vermengen, die Spieße damit beträufeln und alles zugedeckt mindestens 3 Stunden kühl stellen.

DIE SPIESSE aus der Form nehmen, die Marinade in einer kleinen Schüssel aufbewahren. Die Spieße wieder in die Form legen und unter dem Grill rösten, bis das Fleisch gar ist. Dabei gelegentlich mit der Marinade betupfen.

FÜR 16 SPIESSE

Zucchini-Kartoffel-Kräuter-Plätzchen

2 mittelgroße Kartoffeln (ca. 400 g), grob gerieben
3 mittelgroße Zucchini (ca. 360 g), grob geraspelt
1 mittelgroße Zwiebel (ca. 150 g), grob gehackt
75 g Mehl
½ TL Backpulver
3 leicht geschlagene Eier
1 EL frische Minze, fein gehackt
2 EL frisches Basilikum, fein gehackt
Schwarzer Pfeffer, frisch gemahlen
Olivenöl zum Ausbacken
200 g Naturjoghurt
1 EL frische Minze, in feine Streifen geschnitten

MIT KÜCHENKREPP die Restfeuchtigkeit aus Kartoffeln, Zucchini und Zwiebeln pressen. Das Gemüse in einer großen Schüssel mit Mehl, Backpulver, Eiern, 1 Esslöffel Minze, Basilikum und Pfeffer vermengen. Den Ofen auf 220°C (Umluft: 200°C) vorheizen.

DAS ÖL in einer großen Pfanne erhitzen und den Zucchini-Kartoffel-Teig esslöffelweise darin ausbacken, bis die Plätzchen gleichmäßig braun sind. Auf Küchenkrepp abtropfen lassen. Die Plätzchen in eine feuerfeste Form geben und 10 Minuten unter dem Grill fertig backen.

DEN JOGHURT mit der restlichen Minze verrühren und mit den Zucchini-Kartoffel-Plätzchen servieren.

FÜR 34 PLÄTZCHEN

Lammbällchen in Tomatensauce

1 kg Lammhackfleisch
1 kleine Zwiebel (ca. 80 g), fein gehackt
1 zerdrückte Knoblauchzehe
2 EL frisches Basilikum, fein gehackt
35 g Semmelbrösel
1 leicht geschlagenes Ei
2 EL Olivenöl
1 EL frische Minze, in feine Streifen geschnitten
Für die Tomatensauce:
1 EL Olivenöl
1 mittelgroße Zwiebel (ca. 150 g), fein gehackt
2 zerdrückte Knoblauchzehen
1 Prise Cayennepfeffer
250 g passierte Tomaten
125 ml Hühnerbrühe
½ TL Zucker

LAMM, ZWIEBELN, Knoblauch, Basilikum, Semmelbrösel und Ei mit den Händen gut verkneten und zu walnussgroßen Bällchen formen.

DAS ÖL in einer Pfanne erhitzen und die Bällchen darin auf allen Seiten anbraten. Das Öl abgießen, die Bällchen in der Pfanne lassen.

FÜR DIE TOMATENSAUCE das Öl in einer kleinen Pfanne erhitzen und Zwiebeln und Knoblauch darin andünsten. Mit Pfeffer würzen. Passierte Tomaten, Hühnerbrühe und Zucker hinzufügen, aufkochen lassen und anschließend bei geringer Hitze 10 Minuten köcheln lassen, bis die Sauce eindickt.

DIE TOMATENSAUCE zu den Lammbällchen in die Pfanne geben, alles noch einmal erwärmen und mit der Minze garniert servieren.

FÜR CA. 45 BÄLLCHEN

Garnelen mit Knoblauch-Kräuter-Butter

1 kg frische mittelgroße Garnelen
2 EL Olivenöl
6 zerdrückte Knoblauchzehen
50 g Butter
1 EL frisch gepresster Zitronensaft
1 kleine Handvoll glatte Petersilie, fein gehackt

Die Garnelen von Schalen und Darmfäden befreien, kalt abbrausen, trockentupfen. Das Öl in einer großen Pfanne erhitzen und den Knoblauch darin andünsten, bis er zu duften beginnt.

Die Garnelen hinzufügen und so lange unter vorsichtigem Wenden braten, bis sie die Farbe ändern und fast gar sind. Die Butter in Flocken sowie den Zitronensaft dazugeben und fertig garen. Mit der Petersilie bestreut servieren.

Für 6 Personen

Paella-Kroketten

Für dieses Rezept brauchen Sie 200 Gramm gekochten Basmati-Reis.

2 EL Olivenöl
1 große Zwiebel (ca. 200 g), grob gehackt
4 zerdrückte Knoblauchzehen
1 TL süßes Paprikapulver
200 g küchenfertige Jakobsmuscheln
750 g küchenfertige, ungekochte Garnelen
120 g Felchenfilet ohne Gräten, grob gewürfelt
3 Stängel Petersilie
200 g gekochter Basmati-Reis
4 Eier
90 g Erbsen (TK)
Etwas Mehl
100 g Semmelbrösel
Öl zum Frittieren

DAS OLIVENÖL in einer kleinen Pfanne erhitzen und Zwiebeln und Knoblauch darin andünsten. Mit Paprikapulver würzen.

ZWIEBELN, Meersfrüchte, Fisch und Petersilie im Mixer zerkleinern, bis eine formbare Masse entsteht. Mit Reis, 1 Ei und Erbsen vermengen.

AUS DER MASSE etwa 12 Zentimeter lange Kroketten formen, erst in Mehl, dann in den restlichen geschlagenen Eiern und schließlich in den Semmelbröseln wenden. 1 Stunde im Kühlschrank kalt stellen.

DAS ÖL in einem großen Topf erhitzen und die Kroketten portionsweise darin frittieren. Auf Küchenkrepp abtropfen lassen.

FÜR 18 KROKETTEN

Chorizo-Parmesan-Bällchen

150 g Mehl
1 TL Backpulver
2 leicht geschlagene Eier
340 g Chorizo-Wurst, fein gewürfelt
1 kleine rote Paprikaschote (ca. 150 g), fein gewürfelt
40 g fein geriebener Parmesan
3 zerdrückte Knoblauchzehen
1 kleine Handvoll Schnittlauchröllchen
2 TL gemahlener Kreuzkümmel
Öl zum Frittieren

IN EINER mittelgroßen Schüssel Mehl, Backpulver, 125 Milliliter Wasser, Eier, Chorizo-Wurst, Paprika, Parmesan, Knoblauch, Schnittlauch und Kreuzkümmel verrühren.

DAS ÖL in einem großen Topf erhitzen und den Chorizo-Parmesan-Teig esslöffelweise darin frittieren. Auf Küchenkrepp abtropfen lassen.

FÜR ETWA 40 BÄLLCHEN

Gegrillter Oktopus mit Chili

1 kg küchenfertiger Baby-Oktopus
60 ml Olivenöl
80 ml frisch gepresster Zitronensaft
6 zerdrückte Knoblauchzehen
2 rote Thai-Chilischoten, entkernt und fein gehackt
1 EL süßes Paprikapulver
Etwas Öl für die Form

Den Oktopus abbrausen, trockentupfen und halbieren. In einer mittelgroßen Schüssel mit den restlichen Zutaten vermengen und mindestens 3 Stunden im Kühlschrank marinieren lassen.

Den Oktopus in eine feuerfeste eingeölte Form geben und unter dem Grill garen.

Für 6 Personen

Oliven-Sardellen-Dip

8 Sardellenfilets
60 ml Milch
2 EL Olivenöl
1 Scheibe Weißbrot, grob gewürfelt
1 kleine rote Zwiebel (ca. 100 g), fein gehackt
1 zerdrückte Knoblauchzehe
2 EL glatte Petersilie, fein gehackt
2 TL frischer Majoran, fein gehackt
1 TL frischer Thymian, fein gehackt
30 g schwarze Oliven, fein gehackt
2 EL Kapern
2 TL Rotweinessig
1 EL frisch gepresster Zitronensaft
2 EL Olivenöl

Für 6 Personen

Sardellen und Milch in einer kleinen Schüssel vermengen, 10 Minuten ziehen lassen, abgießen.

1 Esslöffel Olivenöl in einer großen Pfanne erhitzen und die Brotwürfel darin anrösten. 1 Esslöffel Olivenöl hinzufügen und Zwiebeln, Knoblauch und Kräuter darin andünsten.

Sardellen, Brot, Zwiebeln, Oliven, Kapern, Essig und Zitronensaft mit dem Stabmixer pürieren. Das restliche Öl in einem dünnen Strahl dazugeben und alles zu einer fast glatten Creme verrühren.

Frittierte Austern mit Chilidressing

24 Austern in halber Schale
55 g Maismehl
Öl zum Frittieren

Für das Chilidressing:
2 EL Weißweinessig
60 ml Olivenöl
1 rote Thai-Chilischote, entkernt und fein gehackt
½ TL Zucker
1 EL glatte Petersilie, fein gehackt

Den Ofen auf 150°C (Umluft: 130°C) vorheizen. Die Austern aus der Schale schneiden. Die Schalen waschen, auf ein Backblech geben und 10 Minuten im Ofen erwärmen.

In der Zwischenzeit die Austern in dem Maismehl wenden. Das Öl in einer großen Pfanne erhitzen und die Austern darin portionsweise frittieren. Auf Küchenkrepp abtropfen lassen.

Für das Chili-Dressing alle Zutaten gut verrühren.

Die Austern in die vorgewärmten Schalen geben und mit dem Chili-Dressing beträufelt servieren.

Für 24 Austernhälften

Lamm-Chorizo-Empanadillas

300 g Mehl
60 ml Olivenöl
2 TL frisch gepresster Zitronensaft
Etwa 160 ml Milch
1 leicht geschlagenes Ei
Für die Füllung:
2 TL Olivenöl
1 kleine Zwiebel (ca. 80 g), fein gehackt
2 zerdrückte Knoblauchzehen
150 g Lammhackfleisch
85 g Chorizo-Wurst, fein gewürfelt
2 EL Tomatenmark
2 EL trockener Rotwein
1 EL schwarze Oliven, fein gehackt
60 ml Hühnerbrühe

IN EINER GROSSEN SCHÜSSEL Mehl, Öl, Zitronensaft vermengen und gerade so viel Milch zugeben, bis ein glatter Teig entsteht. Den Teig auf einer bemehlten Arbeitsfläche gründlich durchkneten. In Folie gewickelt 10 Minuten ruhen lassen.

DEN TEIG halbieren und jede Hälfte etwa 2 Millimeter dünn ausrollen. Aus jeder Hälfte 12 Kreise mit etwa 8,5 Zentimeter Durchmesser ausstechen.

DEN OFEN auf 200°C (Umluft: 180°C) vorheizen. In der Zwischenzeit die Füllung zubereiten. Dafür das Öl in einer Pfanne erhitzen und Zwiebeln und Knoblauch darin andünsten. Das Lamm hinzufügen und anbraten. Die restlichen Zutaten dazugeben und alles bei geringer Hitze etwa 5 Minuten köcheln und anschließend abkühlen lassen.

IN DIE MITTE jedes Teigkreises etwa 1 gehäuften Teelöffel der Füllung geben. Die Kreise zusammenklappen, die Ränder zusammenpressen. Die Empanadillas auf ein mit Backpapier ausgelegtes Backblech legen und mit dem Ei bestreichen. Etwa 15 Minuten im Ofen backen.

FÜR 24 TEIGTASCHEN

Chicken Wings mit Knoblauch

12 mittelgroße küchenfertige Chicken Wings (ca. 1 kg)
1 EL Weißweinessig
1 mittelgroße Zwiebel (ca. 150 g), in feine Ringe geschnitten
6 zerdrückte Knoblauchzehen
1 rote Thai-Chilischote, entkernt und fein gehackt
1 EL süßes Paprikapulver
1 TL scharfes Paprikapulver
60 ml Olivenöl
1 EL frischer Oregano, fein gehackt

Für 24 Chicken Wings

Die Chicken Wings gründlich unter fließendem kaltem Wasser abspülen, trockentupfen.

Essig, Zwiebeln, Knoblauch, Chili, Paprikapulver und Öl verrühren und die Hähnchenflügel damit einreiben. Die Chicken Wings mindestens 3 Stunden im Kühlschrank marinieren.

Den Ofen auf 180°C (Umluft: 160°C) vorheizen. Die Chicken Wings in eine feuerfeste Form geben und 1 Stunde im Ofen garen. Mit dem Oregano bestreut servieren.

Gegrillte Paprika mit Kräuterdressing

2 mittelgroße gelbe Paprikaschoten (ca. 400 g)
2 mittelgroße rote Paprikaschoten (ca. 400 g)
2 EL Rotweinessig
80 ml Olivenöl
1 EL Kapern
½ TL Zucker
1 zerdrückte Knoblauchzehe
1 EL frische Minze, in feine Streifen geschnitten
1 EL glatte Petersilie, fein gehackt
1 TL geröstete Kreuzkümmelsamen
Schwarzer Pfeffer, frisch gemahlen

Paprikaschoten vierteln, putzen, entkernen und waschen. Mit der Haut oben unter den Grill legen, bis die Haut bräunt und Blasen wirft. Mit Alufolie bedecken und 5 Minuten weitergrillen. Die Haut abziehen, das Fruchtfleisch in breite Streifen schneiden.

Die restlichen Zutaten vermengen, die noch warmen Paprikastreifen hinzufügen und alles zugedeckt mindestens 3 Stunden kühl stellen.

Für 6 Personen

Warmer Meeresfrüchtesalat

500 g küchenfertiger Baby-Oktopus
250 g küchenfertige Calamari
1 kg mittelgroße Garnelen
1 EL glatte Petersilie, grob gehackt
1 EL frische Minze, grob gehackt

FÜR DAS ZITRONENDRESSING:
80 ml frisch gepresster Zitronensaft
180 ml Olivenöl
1 TL fein abgeriebene Orangenschale
1 TL Zucker
1 zerdrückte Knoblauchzehe

DEN OKTOPUS abbrausen und trockentupfen. Die Calamari längs aufschneiden und mit der Innenseite nach oben flach auf eine Arbeitsfläche legen. Noch einmal flach diagonal einschneiden und anschließend in die Gegenrichtung in 2 Zentimeter breite Streifen schneiden. Die Garnelen von Schalen und Darmfäden befreien, kalt abbrausen, trockentupfen.

FÜR DAS ZITRONENDRESSING alle Zutaten gut verrühren.

DIE HÄLFTE des Zitronendressings über die Meeresfrüchte geben und zugedeckt mindestens 3 Stunden im Kühlschrank marinieren lassen.

DIE MEERESFRÜCHTE abgießen und unter dem Grill rösten, bis sie die Farbe ändern und gar sind. Die noch warmen Meeresfrüchte mit dem restlichen Dressing beträufelt und mit den Kräutern bestreut servieren.

FÜR 6 PERSONEN

Chorizo-Knoblauch-Spießchen

680 g Chorzio-Wurst
1 EL Olivenöl
2 zerdrückte Knoblauchzehen
1 kleine Handvoll glatte Petersilie, fein gehackt

Für 8 Personen

Die Wurst in etwa 5 Millimeter dünne Scheibchen schneiden. In einer beschichteten Pfanne ohne Öl knusprig braten, auf Küchenkrepp abtropfen lassen. Das Bratöl aus der Pfanne schütten.

Das Olivenöl in derselben Pfanne erhitzen und die Wurstscheibchen noch einmal mit Knoblauch und Petersilie braten. Auf Zahnstocher gespießt servieren.

Chili-Knoblauch-Champignons

80 ml Olivenöl
50 g Butter
6 zerdrückte Knoblauchzehen
1 rote Thai-Chilischote, entkernt und fein gehackt
1 kg Champignons
1 EL frisch gepresster Zitronensaft
Schwarzer Pfeffer, frisch gemahlen
2 EL glatte Petersilie, fein gehackt

Öl und Butter in einer großen Pfanne erhitzen. Knoblauch, Chili und Pilze darin etwa 5 Minuten dünsten.

Die restlichen Zutaten hinzufügen, gut verrühren und sofort servieren.

Für 6 Personen

Kartoffelecken mit Tomatendip

5 mittelgroße Kartoffeln (ca. 1 kg)
1 EL Olivenöl
2 zerdrückte Knoblauchzehen
1 TL süßes Paprikapulver
1 Prise scharfes Paprikapulver
½ TL gemahlener Kreuzkümmel
1 TL Salz
Schwarzer Pfeffer, frisch gemahlen

FÜR DEN TOMATENDIP:
2 TL Olivenöl
1 kleine Zwiebel (ca. 80 g), fein gehackt
1 zerdrückte Knoblauchzehe
250 g passierte Tomaten
1 Prise Zucker
1 Prise scharfes Paprikapulver
1 TL frisches Basilikum, fein gehackt

DEN OFEN auf 220°C (Umluft: 200°C) vorheizen. Die Kartoffeln waschen und ungeschält längs in Stücke schneiden. In einer großen Schüssel mit den übrigen Zutaten vermengen und anschließend in eine große feuerfeste Form geben.

25 MINUTEN im Ofen backen, dabei gelegentlich wenden.

FÜR DEN TOMATENDIP das Öl in einer kleinen Pfanne erhitzen und Zwiebeln und Knoblauch darin andünsten. Passierte Tomaten, Zucker, Paprikapulver und Basilikum dazugeben und aufkochen lassen. Bei geringer Hitze köcheln lassen, bis die Sauce eindickt.

DIE KARTOFFELECKEN mit dem Tomatendip servieren.

FÜR 6 PERSONEN

Fingerfood

It's Partytime!

Eine gute Vorbereitung ist der Schlüssel zum Gelingen Ihrer Party. Danach können Sie mehr Zeit mit Ihren Gästen verbringen und sind nicht an die Küche gebunden.

Planung

Um auch als Gastgeber Spaß an dem Fest zu haben, ist eine sorgfältige Planung unumgänglich. Achten Sie bei Ihrer Einkaufsliste auf leicht verderbliche und nicht verderbliche Waren, Letztere können Sie schon auf Vorrat, den Rest müssen Sie möglichst zeitnah zur Party besorgen. Bei den Häppchen sollten Sie saisonalen und regionalen Produkten den Vorzug geben. Erstellen Sie einen Zeitplan für die Vorbereitungen in der Küche. Snacks, die Sie im Voraus zubereiten und einfrieren, brauchen Sie am Tag der Tage nur noch auftauen und aufbacken, was enorm Zeit spart. Überprüfen Sie Ihre Bestände an Geschirr, Besteck, Gläsern, Stühlen und Tischen. Holen Sie sich professionelle Hilfe oder bitten Sie Freunde und Verwandte um Unterstützung bei den Vorbereitungen und beim Service.

Wie viel ist genug?

Die richtigen Mengen an Essen und Getränken anzubieten, ist schwierig. Bei den Rezepten in diesem Buch sind die Stückzahlen als kleine Hilfe für Sie angegeben. Als Faustregel für die Häppchen gilt: pro Person sechs Stück in der ersten Stunde und vier für jede weitere Stunde. Sie sollten eine Mischung aus warmen und kalten Snacks anbieten, wobei im Sommer die kalten und im Winter die warmen überwiegen sollten. Zum krönenden Abschluss könnten die Süßmäuler mit Pralinen und Petits fours sowie Kaffee oder Espresso verwöhnt werden.

Getränke

Zur Begrüßung bietet sich ein Cocktail oder einfach ein Glas Sekt, Rot- oder Weißwein oder ein Bier an. Nichtalkoholische Getränke wie Softdrinks und Mineralwasser sind nicht nur für die Autofahrer unter Ihren Gästen eine Alternative. Wenn die Getränke nicht serviert werden, sollten sie (wie die Snacks übrigens auch) so platziert sein, dass sich die Gäste mühelos selbst bedienen können. Vergessen Sie die Servietten und gegebenenfalls die Strohhalme für die Cocktails nicht!

Spanakópita

1,5 kg Mangold, gut gewaschen
1 Esslöffel Olivenöl
1 mittelgroße Zwiebel (ca. 150 g), fein gehackt
2 Knoblauchzehen, zerdrückt
1 Esslöffel frisch geriebene Muskatnuss
200 g Feta, zerbröselt
1 Esslöffel Zitronenzesten
2 Esslöffel frisch gehackte Minze
2 Esslöffel frisch gehackte glatte Petersilie
2 Esslöffel frisch gehackter Dill
4 Frühlingszwiebeln, fein geschnitten
16 Filo-Teigblätter
125 g zerlassene Butter
2 Esslöffel Sesamsamen

DEN MANGOLD kurz in Salzwasser blanchieren, abtropfen lassen und zerzupfen. In einer kleinen Pfanne Olivenöl erhitzen und darin Zwiebel und Knoblauchzehen glasig dünsten. Mit Muskatnuss würzen. In einer großen Schüssel die Zwiebelmischung und den Mangold mit dem Feta, den Zitronenzesten, gehackten Kräutern und Frühlingszwiebeln vermischen.

EIN FILO-TEIGBLATT mit Butter einpinseln, längswärts zu Dreiecken falten, zusammenklappen und die Lagen jeweils mit Butter bepinseln. Einen Esslöffel der Mangoldfüllung in eine spitzwinkelige Ecke des gefalteten Filo-Teigblattes platzieren, einen Rand lassen und die gegenüberliegende Ecke diagonal über die Füllung falten, sodass sich eine Triangelform ergibt. Unter Beibehaltung der Dreiecksform mehrmals zusammenklappen. Auf ein gefettetes Backblech geben und mit den restlichen 15 Teigblättern gleich verfahren. Die Spanakópita mit Butter bestreichen und mit Sesamsamen bestreuen. Im Ofen bei 190 °C 15 Minuten goldbraun backen.

FÜR 16 STÜCK

Caesar Salad im Körbchen

24 Scheiben Toastbrot
125 g weiche Knoblauchbutter
3 geröstete Speckscheiben, fein geschnitten
1 Romanasalatherz, gewaschen und fein geschnitten
125 ml Caesar-Salad-Dressing
12 Sardellenfilets, abgetropft und längs halbiert
25 g Parmesanflocken

Aus den Toastscheiben Kreise mit 8 cm Durchmesser ausstechen, mit einem Nudelholz vorsichtig plätten und beidseitig mit Knoblauchbutter bestreichen. Daraus Körbchen formen und im Ofen bei 190 °C 15 Minuten goldbraun und knusprig backen. Abkühlen lassen.

Die Speckscheiben in einer Pfanne rösten, auf Küchenpapier entfetten und fein schneiden. Kurz vor dem Servieren in einer mittelgroßen Schüssel den fein geschnittenen Salat und Speck mit dem Dressing vermischen, in die Toastkörbchen füllen und jedes mit einem Sardellenfiletstreifen und einer Parmesanflocke dekorieren.

Für 24 Stück

Scharfe Hoisin-Huhn-Bällchen

1 kg fein gehacktes Hühnerfleisch
210 g Semmelbrösel
1 kleine Zwiebel (ca. 80 g), fein gehackt
2 Knoblauchzehen, zerdrückt
1 verquirltes Ei
60 ml Hoisin-Sauce
1 Esslöffel helle Sojasauce
2 Teelöffel frisch geriebenen Ingwer
½ Teelöffel Sesamöl
¼ Teelöffel Fünf-Gewürze-Pulver
80 ml Erdnussöl

SÜSSE-CHILISAUCE-DIP:
125 ml süße Chilisauce
2 Esslöffel Weißweinessig
2 Esslöffel frisch gehackter Koriander

IN EINER mittelgroßen Schüssel Hühnerfleisch, Semmelbrösel, Zwiebel, Knoblauch, Ei, Saucen, Ingwer, Sesamöl und Fünf-Gewürze-Pulver gut vermengen und aus der Mischung ca. 60 kleine Fleischbällchen formen.

IN EINER GROSSEN Pfanne das Erdnussöl erhitzen und darin die Bällchen unter Schwenken rundherum braun anbraten. Auf Küchenpapier entfetten, in einer feuerfesten Form im Ofen bei 190 °C 15 Minuten fertiggaren.

DIE BÄLLCHEN mit Limettenscheiben und Korianderblätter auf Spieße stecken und mit dem Dip servieren.

FÜR DEN DIP die Zutaten in einer kleinen Schüssel verrühren.

FÜR CA. 60 STÜCK

Empanadas

400 g Tomaten aus der Dose
1 Esslöffel Olivenöl
1 mittelgroße Zwiebel (ca. 150 g), fein gehackt
1 Knoblauchzehe, zerdrückt
1 Teelöffel frisch gemahlener schwarzer Pfeffer
½ Teelöffel gemahlener Zimt
½ Teelöffel gemahlene Gewürznelken
600 g fein gehacktes Rindfleisch
40 g Rosinen, grob gehackt
1 Esslöffel Apfelweinessig
35 g Mandelstifte, geröstet
2 x 800 g Quiche-Teig (fertig ausgerollt)
1 verquirltes Ei
Pflanzenöl zum Frittieren

DIE TOMATEN mit dem Stabmixer sorgfältig pürieren und beiseitestellen. In einem schweren Kochtopf Öl erhitzen und darin Zwiebel, Knoblauch und Gewürze unter Rühren glasig dünsten. Rindfleisch hinzugeben und Farbe nehmen lassen. Das überschüssige Fett abgießen. Tomaten, Rosinen und Essig einrühren. 20 Minuten köcheln und eindicken lassen. Dann die Mandeln hinzufügen.

AUS DEM TEIG 32 Kreise mit einem Durchmesser von 9 cm ausstechen. Darauf je einen gestrichenen Esslöffel der Fleischmischung setzen, den Rand mit Ei bestreichen, zusammenklappen und fest zusammendrücken.

IN EINEM GROSSEN Topf das Pflanzenöl erhitzen und die Empanadas in tiefem Fett goldbraun und knusprig ausbacken. Auf Küchenpapier entfetten und sofort mit einem Klecks Sauerrahm servieren.

FÜR 32 STÜCK

Kartoffeln mit geräuchertem Lachs

DEN BACKOFEN auf 190 °C vorheizen. Die Kartoffeln in eine ausgefettete große feuerfeste Form setzen und 45 Minuten backen. Danach abkühlen lassen.

IN DER ZWISCHENZEIT in einer kleinen Schüssel den Sauerrahm mit dem Dill verrühren und den Lachs in feine Scheiben schneiden. Die Kartoffeln kreuzweise einschneiden und die Mitte vorsichtig öffnen. Darin den Dill-Sauerrahm einfüllen, mit einem Lachsröllchen und einem frischen Dillzweiglein bekrönen.

FÜR 24 STÜCK

24 kleine neue Kartoffeln (ca. 1 kg)
200 g Sauerrahm
2 Esslöffel frisch gehackter Dill
24 Dillzweiglein zur Dekoration
100 g geräuchter Lachs

Gemüse- und Kartoffelchips

Sprühöl
4 mittelgroße Pastinaken (500 g)
4 mittelgroße Kartoffeln (800 g)
1 mittelgroße Süßkartoffel (400 g)
Meersalz

DEN BACKOFEN auf 190 °C vorheizen. Zwei oder drei Backbleche mit Sprühöl einfetten. Die Pastinaken mit einem scharfen Messer in dünne Scheiben (2 mm) schneiden. Einzeln auf den Blechen auslegen und leicht mit Öl besprühen. 40 Minuten im Ofen knusprig backen, nach 20 Minuten wenden. Auf einem Gitter auskühlen lassen. Mit den Kartoffeln und der Süßkartoffel gleich verfahren.

DIE GEMÜSE- und Kartoffelchips mit einer Salatgarnitur servieren.

FÜR 4 PERSONEN

Dips

ROTE-BETE-DIP
2 große frische Rote Bete (400 g)
1 Esslöffel Sesampaste
2 Teelöffel Zitronensaft
140 g griechischer Joghurt

DIE ROTE BETE im Salzwasser gar kochen, abkühlen lassen, schälen und in grobe Stücke schneiden. Zusammen mit den restlichen Zutaten mit dem Stabmixer pürieren.

FÜR 1 GROSSE SCHALE

HUMMUS
300 g Kichererbsen aus der Dose, spülen und abtropfen lassen
1 Knoblauchzehe, geviertelt
¼ Teelöffel süßes Paprikapulver
60 ml Sesampaste
60 ml Zitronensaft
2 Esslöffel Olivenöl
2 Esslöffel Wasser

SÄMTLICHE ZUTATEN mit dem Stabmixer pürieren.

FÜR 1 GROSSE SCHALE

SCHARFER KAROTTENDIP
2 große Karotten (ca. 360 g), grob geschnitten
1 Esslöffel Olivenöl
1 Knoblauchzehe, zerdrückt
½ Teelöffel Kreuzkümmel
½ Teelöffel gemahlener Koriander
¼ Teelöffel gemahlene Kurkuma
140 g griechischer Joghurt
2 Esslöffel frisch gehackter Koriander

DIE KAROTTENSTÜCKE im Salzwasser dünsten und abtropfen lassen. Öl in einer Pfanne erhitzen und Knoblauch sowie die Gewürze darin unter Rühren anbraten. Die Karotten mit der Knoblauch-Gewürzmischung, später mit dem Joghurt und dem Koriander mit dem Stabmixer pürieren.

FÜR 1 GROSSE SCHALE

Roastbeef auf Baguette

1 kleine Baguettestange
75 g Mayonnaise
360 g dünne rohe Roastbeefscheiben
24 kleine frische Basilikumblätter
1 Esslöffel Meerrettich
1 Esslöffel Chilli Jam

DEN OFEN auf 190 °C vorheizen. Die Baguettestange in 24 dünne Scheiben schneiden, diese auf ein Backblech legen und 15 Min. im Ofen goldbraun backen, nach der Hälfte der Backzeit wenden und danach auskühlen lassen.

KURZ VOR DEM Servieren eine Seite der Baguettescheiben mit Mayonnaise bestreichen. Jeweils eine Roastbeefscheibe und ein Basilikumblatt darauflegen und die eine Hälfte mit Meerrettich, die andere Hälfte mit Chilli Jam garnieren.

FÜR 24 STÜCK

Mini-Pappadums mit Curryei

3 hart gekochte Eier, geschält
1 Esslöffel Mayonnaise
1 Esslöffel Mangochutney
1 Teelöffel milde Currypaste
1 Frühlingszwiebel, fein geschnitten
2 Teelöffel frisch gehackter Koriander
75 g (20) gebrauchsfertige Mini-Pappadums
Chili- und Frühlingszwiebelringe zum Garnieren

Die harten Eier mit Mayonnaise, Mangochutney und Currypaste sowie Frühlingszwiebel und Koriander in einer kleinen Schüssel zu einer homogenen Masse verarbeiten. Jeweils einen Klecks dieser Eiermischung auf die Pappadums (Linsenmehlfladenbrötchen) geben und mit Chili- oder Frühlingszwiebelringen dekorieren.

Für 20 Stück

Austern

Austern Mornay

60 g Butter
50 g Mehl
500 ml Milch
60 g grob geriebener Cheddar
24 mittelgroße Austernhälften (1,5 kg)

In einem Kochtopf aus Butter und Mehl eine Mehlschwitze herstellen, vom Herd nehmen und langsam die Milch zugießen, zum Kochen bringen, erneut vom Herd nehmen und die Hälfte des Käses einrühren.

Die Austern auf ein Backblech setzen, die Sauce über die Austern gießen und mit dem restlichen Käse bestreuen. Unter dem Grill hellbraun backen.

Für 24 Stück

Austern Rockefeller

80 g Butter
2 Knoblauchzehen, zerdrückt
500 g Spinat, gewaschen und in grobe Stücke geschnitten
24 mittelgroße Austernhälften (1,5 kg)
25 g Semmelbrösel

Die Hälfte der Butter in einem Kochtopf schmelzen lassen, darin Knoblauch und Spinat unter Rühren 3 Minuten anbraten.

Die Austern auf ein Backblech setzen, jeweils mit der Spinatmischung bedecken, mit den Semmelbröseln bestreuen und der restlichen Butter beträufeln. Unter dem Grill goldbraun backen.

Für 24 Stück

Austern Kilpatrick

24 mittelgroße Austernhälften (1,5 kg)
4 Speckscheiben (280 g), fein geschnitten
2 Esslöffel Worcestershiresauce

Die Austern auf ein Backblech setzen, mit dem Speck belegen und der Sauce beträufeln. Unter dem Grill den Speck knusprig werden lassen.

Für 24 Stück

Pilz-Schweinsohren

375 g Blätterteig, tiefgefroren und aufgetaut
1 verquirltes Ei

FÜLLUNG:
1 Esslöffel Pflanzenöl
15 g Butter
2 Knoblauchzehen, zerdrückt
1 mittelgroße Zwiebel (150 g), fein geschnitten
250 g Champignons, fein geschnitten
1 Esslöffel Mehl
2 Esslöffel Wasser
2 Esslöffel fein geschnittener Schnittlauch

DEN BLÄTTERTEIG auf einer bemehlten Arbeitsfläche zum Rechteck (25 x 35 cm) ausrollen, der Länge nach halbieren und jede Hälfte mit der Füllung bestreichen. Längswärts zusammenfalten, die Teigränder mit Ei bepinseln, fest zusammen- und etwas eindrücken. Die beiden Rollen zugedeckt 30 Minuten in den Kühlschrank stellen, danach in 1 cm breite Stücke (15 pro Rolle) schneiden, mit der Schnittfläche nach oben auf eingefettete Backbleche legen und bei 190 °C 12 Minuten goldbraun backen.

FÜR DIE FÜLLUNG Öl und Butter in einer Pfanne erhitzen, Knoblauch und Zwiebel darin glasig dünsten, die Pilze dazugeben und unter Rühren 5 Minuten anbraten. Mehl hinzufügen und kurz mitkochen. Das Wasser langsam dazugießen und die Pilzmischung andicken lassen. Vom Herd nehmen, abkühlen lassen und den Schnittlauch einrühren.

FÜR 30 STÜCK

Warmer Mais-Schnittlauch-Dip

250 g Maisrelish
300 g Sauerrahm
wenige Tropfen Tabascosauce
2 Esslöffel fein geschnittener
   Schnittlauch
60 g fein geriebener Cheddar

Die Zutaten in einer Pfanne unter Rühren langsam erhitzen. Nach Belieben mit Nachos (Maischips) servieren.

Für 1 grosse Schale

Muscheln mit Knoblauchmayonnaise

1 kleine rote Paprikaschote (150 g)
30 kleine schwarze Muscheln (750 g)
1 kleine Zwiebel (80 g), fein geschnitten
250 ml trockener Weißwein
1 Lorbeerblatt
1 großes Mangoldblatt, fein geschnitten

FÜR DIE KNOBLAUCHMAYONNAISE:
1 mittelgroße Knolle Knoblauch (90 g)
1 Esslöffel Olivenöl zum Beträufeln
1 Eigelb
1 Teelöffel Dijonsenf
1 Esslöffel Zitronensaft
160 ml Olivenöl
1 Prise Cayennepfeffer
1 Teelöffel frisch gemahlener schwarzer Pfeffer
1 Teelöffel frisch gehackter Thymian

DIE PAPRIKASCHOTE vierteln, von Kerngehäuse, Stiel sowie Trennwänden befreien und kalt abspülen. Mit der Hautseite nach oben unter den Grill schieben, bis die Haut Blasen wirft und schwarz wird. 5 Minuten mit Zellophan oder Papier bedecken, dann die Haut abziehen und die Paprika in dünne Streifen schneiden.

DIE MUSCHELN abbürsten und die Bärte entfernen. In einem großen Kochtopf Zwiebel, Weißwein, Lorbeerblatt und Muscheln aufkochen und bei großer Hitze zugedeckt 5 Minuten kochen, bis sich die Muscheln öffnen (geschlossene Muscheln dürfen nicht verwendet werden). Die oberen Muschelhälften wegwerfen, die Muscheln aus der Schale lösen.

DIE SCHALEN auf ein Backblech setzen, jeweils mit Mangold und Paprika sowie einer Muschel belegen und mit Knoblauchmayonnaise übergießen. Kurz vor dem Servieren unter dem Grill goldbraun backen.

FÜR DIE Knoblauchmayonnaise den Backofen auf 190 °C vorheizen. Die Knoblauchknolle auf ein Blech setzen und mit Olivenöl beträufeln. 45 Minuten backen, 15 Minuten auskühlen lassen und horizontal halbieren. Die Knoblauchzehen herauspressen und mit Eigelb, Senf und Zitronensaft mit dem Schneebesen glattrühren. Das Olivenöl zunächst tropfenweise, dann in einem dünnen Strahl dazugeben und unterrühren. Mit Pfeffer und Thymian würzen.

FÜR 30 STÜCK

Taramosaláta

4 Scheiben Toastbrot
100 g Taramá (Fischrogen)
1 kleine Zwiebel (80 g), grob geschnitten
1 Knoblauchzehe, geviertelt
60 ml Zitronensaft
375 ml Olivenöl

DIE WEISSBROTSCHEIBEN entrinden, 2 Minuten in kaltes Wasser legen, dann mit den Händen ausdrücken.

BROT, TARAMÁ, Zwiebel, Knoblauch und Zitronensaft mit dem Schneebesen vermengen, das Olivenöl in einem dünnen Strahl dazugießen und bis zum Andicken verrühren.

FÜR 2 SCHALEN

Guacamole

2 mittelgroße reife Avocados (500 g)
1 mittelgroße Zwiebel (150 g), fein geschnitten
2 kleine Tomaten (260 g), fein geschnitten
1 Esslöffel Limettensaft
2 Esslöffel frisch gehackter Koriander

In einer Schüssel die Avocados mit einer Gabel zerdrücken. Zwiebeln, Tomaten, Limettensaft und Koriander hinzugeben und gründlich verrühren.

Für 3 grosse Schalen

Knusprige Krabben-Dreiecke

60 g Butter
3 Frühlingszwiebeln, fein geschnitten
35 g Mehl
250 ml Milch
1 Esslöffel Limettensaft
1 Esslöffel frisch gehackte glatte Petersilie
340 g Krabbenfleisch aus der Dose, abgetropft
16 Filo-Teigblätter
180 g geschmolzene Butter zum Bepinseln

IN EINEM KOCHTOPF die Frühlingszwiebeln in Butter glasig dünsten, Mehl hinzufügen und unter Rühren andicken lassen. Vom Herd nehmen, die Milch langsam dazugeben und aufkochen. Dann Limettensaft, Petersilie und Krabbenfleisch unterrühren. Auf Raumtemperatur abkühlen lassen.

DEN BACKOFEN auf 190 °C vorheizen. Zwei nebeneinanderliegende Filo-Teigblätter mit Butter bepinseln und quer in 7 cm breite Streifen schneiden. Einen gestrichenen Teelöffel der Krabbenmischung in eine spitzwinkelige Ecke der Teigstreifen setzen, die gegenüberliegende Ecke diagonal über die Füllung klappen und unter Beibehaltung der Dreiecksform mehrmals falten. Die Dreiecke auf ein gefettetes Backblech legen und mit Butter bepinseln. Mit den restlichen Filo-Teigblättern gleich verfahren. Im Ofen bei 190 °C 15 Minuten goldbraun backen.

FÜR 60 STÜCK

Lachs-Törtchen

3 Blätterteigplatten, fertig ausgerollt
100 g geräucherte Lachsscheiben, fein geschnitten
2 Essiggurken, fein geschnitten
2 Frühlingszwiebeln, fein geschnitten
120 g Sauerrahm
1 Esslöffel Milch
2 verquirlte Eier
1 Teelöffel frisch gehackter Dill
1 Messerspitze süßes Paprikapulver

DEN BACKOFEN auf 190 °C vorheizen. Aus den Teigplatten 24 Kreise mit einem Durchmesser von 6,5 cm ausstechen. Mit den Teigkreisen eine gefettete 12-teilige Muffinbackform auslegen.

LACHS, ESSIGGURKEN und Frühlingszwiebeln vermengen, in die Förmchen füllen und mit dem Gemisch aus Sauerrahm, Milch, Eier, Dill und Paprikapulver übergießen. Im Ofen 30 Minuten goldbraun backen.

FÜR 24 STÜCK

Rindfleisch-Curry-Samosas

1 Esslöffel Pflanzenöl
1 kleine Zwiebel (80 g), fein geschnitten
1 Knoblauchzehe, zerdrückt
1 Teelöffel Kreuzkümmelsamen
1 Esslöffel milde Currypaste
150 g fein gehacktes Rinderfleisch
1 Esslöffel frisch gehackter Koriander
1 kleine Kartoffel (120 g), geschält und fein geschnitten
80 ml Wasser
125 g Spinat, gewaschen und grob gehackt
8 Frühlingsrollen-Teigquadrate (25 x 25 cm)
Pflanzenöl zum Frittieren

ÖL IN EINEM kleinen Kochtopf erhitzen und darin Zwiebel und Knoblauch mit Kreuzkümmel und Currypaste glasig dünsten, dann das Hackfleisch, Koriander und die Kartoffel anbraten und mit Wasser ablöschen. Köcheln lassen, Spinat hinzugeben und kochen, damit die Flüssigkeit eindampft.

DIE TEIGQUADRATE jeweils diagonal in zwei Dreiecke teilen. Eine lange Seite mit Ei einpinseln, einen Esslöffel der Rindfleischmasse in eine spitzwinklige Ecke des Teigdreiecks platzieren, die gegenüberliegende Ecke diagonal über die Füllung klappen und unter Beibehaltung der Dreiecksform mehrmals falten. Mit den restlichen Teigquadraten gleich verfahren.

DAS PFLANZENÖL in einem großen Topf erhitzen und darin die Samosas goldbraun ausbacken. Auf Küchenpapier entfetten und nach Belieben mit Mangochutney servieren.

FÜR 16 STÜCK

Glasierte Hühnerflügel

12 große Hühnerflügel (1,5 kg)
60 ml helle Sojasauce
2 Knoblauchzehen, zerdrückt
1 Teelöffel frisch geriebener Ingwer
2 Esslöffel trockener Sherry
2 Esslöffel Honig

DIE HÜHNERFLÜGEL kalt abspülen, die Spitzen sowie überflüssiges Fett entfernen und in eine große feuerfeste Form legen. Die restlichen Zutaten vermischen und über die Hühnerflügel gießen. Zugedeckt 3 Stunden oder besser über Nacht in den Kühlschrank stellen.

DEN BACKOFEN auf 190 °C vorheizen, die Hühnerflügel über einer Schüssel abtropfen, auf einem Gitter 45 Minuten backen und gelegentlich mit der Marinade bepinseln.

FÜR 12 STÜCK

Antipasti-Platte

300 g Kalamata-Oliven
100 g dünn geschnittener Lammschinken
100 g dünn geschnittene scharfe Salami

EINGELEGTE TINTENFISCHE
2 kg Babytintenfische
250 ml Wasser
1 Knoblauchzehe, zerdrückt
1 mittelgroße Zwiebel (150 g), fein geschnitten
250 ml Weißweinessig
125 ml Olivenöl

GERÖSTETE PAPRIKASCHOTEN
4 mittelgroße gelbe Paprikaschoten (800 g)
4 mittelgroße rote Paprikaschoten (800 g)
125 ml Olivenöl
3 Knoblauchzehen, in dünne Scheiben geschnitten
2 Esslöffel frisch gehackte glatte Petersilie

PESTO-SALAT
1 Bund frisches Basilikum
1 Esslöffel Pinienkerne, geröstet
1 Knoblauchzehe, zerdrückt
2 Esslöffel frisch geriebener Parmesan
2 Esslöffel Olivenöl
500 g Bocconcini oder Mozzarella, grob geschnitten
250 g Kirschtomaten, halbiert

KURZ VOR BEGINN der Party Oliven, Lammschinken, Salami, eingelegte Tintenfische, geröstete Paprikaschoten und Pesto-Salat dekorativ auf einer großen Platte anrichten.

EINGELEGTE TINTENFISCHE
Kopf und Kauwerkzeug der kalt abgespülten Babytintenfische entfernen, die Tintenfische vierteln, in einem großen Topf mit Wasser zugedeckt ca. 1 Stunde köcheln lassen. Abtropfen und abkühlen. In einer Schüssel die Tintenfischstücke mit den restlichen Zutaten vermengen und abgedeckt 3 Stunden oder besser über Nacht in den Kühlschrank stellen.

GERÖSTETE PAPRIKASCHOTEN
Die Paprikaschoten vierteln, von Kerngehäuse, Stielen sowie Trennwänden befreien und kalt abspülen. Mit der Hautseite nach oben unter den Grill schieben, bis die Haut Blasen wirft und schwarz wird. 5 Minuten mit Zellophan oder Papier bedecken. Dann die Haut abziehen, die Paprika in dicke Streifen schneiden und in einer Schüssel mit den übrigen Zutaten vermischen.

PESTO-SALAT
Basilikum, Pinienkerne, Knoblauch, Parmesan und Olivenöl mit dem Stabmixer pürieren. In einer Schüssel die Bocconcini- oder Mozzarellastücke mit dem Pesto übergießen.

FÜR 10 PERSONEN

Gebackener Feta

Den Backofen auf 190 °C vorheizen. Den Feta auf ein großes Stück Alufolie legen, mit Öl beträufeln und den restlichen Zutaten bestreuen. Mit der Folie den Feta umschließen und oben fest zusammenrollen.

Auf ein Backblech setzen und im Ofen ca. 20 Minuten backen.
Warm nach Belieben mit knusprigem Brot servieren.

Für 6 Personen
250 g Feta am Stück
60 ml Olivenöl
1 Messerspitze süßes Paprikapulver
1 Esslöffel frisch gehackter Oregano
4 schwarze Oliven (20 g), entkernt und in dünne Scheiben geschnitten

Schweinefleisch-Nudel-Bällchen

1 Päckchen (60 g) getrocknete Eiernudeln
250 g fein gehacktes Schweinefleisch
1 kleine rote Zwiebel (100 g), grob gehackt
2 Knoblauchzehen, zerdrückt
2 Teelöffel frisch geriebener Ingwer
2 Esslöffel grob gehackter frischer Koriander
1 Eigelb
25 g Mehl
1 Teelöffel Sambal Oelek
1 Teelöffel Fischsauce
Erdnussöl zum Frittieren
80 ml süße Chilisauce
2 Esslöffel Limettensaft

Die Nudeln in einer großen, feuerfesten Form mit kochendem Wasser übergießen, 5 Minuten stehen lassen und abgießen. Nudeln in einer großen Schüssel mit Schweinehackfleisch, Zwiebel, Knoblauch, Ingwer, Koriander, Eigelb, Mehl, Sambal Oelek und Fischsauce vermengen. Aus der Masse ca. 36 Bällchen formen.

Erdnussöl in einem großen Topf erhitzen und darin die Bällchen goldbraun ausbacken. Auf Küchenpapier entfetten und mit der mit Limettensaft verfeinerten Chilisauce servieren.

Für ca. 36 Stück

Vier köstliche Dippers

Was wäre eine Pary ohne Dips? Und was wären Dips ohne Dippers?
Mit oder ohne Dip – sie sind ein Gedicht!

Knusprige »türkische Finger«
1 türkisches Fladenbrot (Pide) mit 40 cm
    Durchmesser
Olivenölspray

Das Fladenbrot in 2 cm dicke Stücke schneiden, auf einem Backblech auslegen, mit Olivenöl besprayen und unter dem Grill braun werden lassen.

Für 20 Stück

Scharfe Pittachips
4 große Pittabrote
Olivenölspray
½ Teelöffel Cajun-Gewürz

Den Backofen auf 190 °C vorheizen. Die Pittas halbieren und aus jeder Hälfte 8 tortenförmige Stücke schneiden. Diese auf Backblechen auslegen, mit Olivenöl besprayen und mit Cajun-Gewürz bestreuen. Im Backofen bei 190 °C knusprig backen.

Für 64 Stück

Pesto-Pizzastücke

Pizzaboden (25 cm Durchmesser)
1 Esslöffel Pesto
50 g geriebener Gruyère
2 Esslöffel Olivenöl

Den Backofen auf 190 °C vorheizen. Den Pizzaboden auf ein gefettetes Blech legen, mit Pesto bestreichen, mit Käse bestreuen und mit Olivenöl beträufeln.
Im Ofen 15 Minuten knusprig backen. Zum Servieren in 16 tortenförmige Stücke schneiden.

Für 16 Stück

Käsestangen

1 Blätterteigplatte, fertig ausgerollt, aufgetaut
1 verquirtes Ei
2 Esslöffel frisch geriebener Cheddar
2 Esslöffel frisch geriebener Parmesan

Den Backofen auf 190 °C vorheizen. Eine Seite der Blätterteigplatte mit Ei bepinseln, mit der Käsemischung bestreuen, längswärts halbieren und von den beiden schmalen Seiten her in 1 cm breite Streifen schneiden. Diese in sich drehen und auf gefettete Backbleche legen.
Im Ofen 10 Minuten goldbraun backen und auf einem Gitter auskühlen lassen.

Für 50 Stück

Garnelen-Krabben-Won-tons

Die Garnelen von Schale und Darm befreien. In kleine Stücke schneiden.

In einer Schüssel die Garnelen mit Krabbenfleisch, Ingwer, Knoblauch, Frühlingszwiebel und Saucen vermengen. Jeweils einen gehäuften Teelöffel dieser Mischung in die Mitte der Teighüllen setzen, deren Ränder mit Maismehl und Wasser bestreichen und mit einer Drehung zusammendrücken.

In einem grossen Topf das Öl erhitzen und darin die Won-tons goldbraun ausbacken. Auf Küchenpapier entfetten und mit dem Dip servieren (dafür alle Zutaten in einer kleinen Schüssel verrühren).

500 g frische Garnelen
500 g Krabbenfleisch
1 Teelöffel frisch geriebener Ingwer
1 Knoblauchzehe, zerdrückt
1 Esslöffel helle Sojasauce
1 Esslöffel süße Chilisauce
80 Won-ton-Teighüllen
1 Esslöffel Maismehl
1 Esslöffel Wasser
Erdnussöl zum Frittieren

Für den Dip:
2 Teelöffel helle Sojasauce
2 Esslöffel süße Chilisauce
1 Teelöffel trockener Sherry
1 Frühlingszwiebel, fein geschnitten

Für 80 Stück

Scharfe Hühnerspieße

250 ml Erdnussöl
4 Knoblauchzehen, zerdrückt
2 Esslöffel süßes Paprikapulver
1 Esslöffel Kreuzkümmelpulver
1 Esslöffel gemahlene Kurkuma
1 Esslöffel gemahlener Koriander
2 kg Hühnerbrustfilets

Für das Raita:
2 libanesche Gurken (260 g; sind kleiner, krummer und grüner als Salatgurken), entkernt und fein geschnitten
200 g Joghurt
1 Esslöffel Zitronensaft
2 Knoblauchzehen, zerdrückt
2 Esslöffel Minze, fein gehackt

Für 24 Spiesse

Öl in einem kleinen Kochtopf erhitzen und darin Knoblauch und Gewürze anbraten.

Hühnerbrüste in grobe quadratische Stücke schneiden und auf 24 Spieße stecken. Diese in eine große, feuerfeste Form oder auf ein Backblech legen und von allen Seiten mit dem Gewürzeöl begießen. Zugedeckt 3 Stunden oder besser über Nacht in den Kühlschrank stellen.

Die Spiesse abtropfen lassen und auf den Grill legen, bis sie gar und kräftig braun sind. Mit Raita servieren (dafür alle Zutaten in einer kleinen Schüssel verrühren).

Scharfer Linsen-Hummus-Toast

1 dunkle Weißbrotstange (28 cm lang)
2 Teelöffel Olivenöl
1 kleine Zwiebel (80 g), fein geschnitten
1 Knoblauchzehe, zerdrückt
1 Teelöffel gemahlener Kreuzkümmel
1 Teelöffel gemahlener Koriander
½ Teelöffel süßes Paprikapulver
100 g rote Linsen
200 g Tomaten aus der Dose
180 ml Gemüsebrühe
2 Esslöffel frisch gehackte Minze
180 g Hummus (Rezept siehe Seite 79)

DIE WEISSBROTSTANGE diagonal in 25 dünne Scheiben schneiden und beidseitig goldbraun grillen.

ÖL IN EINER PFANNE erhitzen, darin Zwiebel und Knoblauch glasig dünsten, erst die Gewürze, dann die Linsen, Tomaten mit Saft sowie Brühe hinzugeben und zugedeckt unter gelegentlichem Umrühren 20 Minuten köcheln lassen. Nach dem Abkühlen die Hälfte der Minze einrühren.

DIE LINSENMISCHUNG auf die Weißbrotscheiben verteilen. Mit einem Klecks Hummus und der restlichen Minze garnieren.

FÜR 25 STÜCK

Thai-Huhn auf Gurkenbett

250 g Hühnerfleisch
2 Esslöffel Kokosmilch
1 ½ Esslöffel süße Chilisauce
2 Teelöffel frisch gehacktes Zitronengras
1 ½ Esslöffel Zitronensaft
2 Esslöffel frisch gehackter Koriander
1 Knoblauchzehe, zerdrückt
2 große ungeschälte Salatgurken (800 g)
Korianderblättchen zum Garnieren

DAS HÜHNERFLEISCH in einer Pfanne anbraten und 5 Minuten abkühlen lassen. Mit dem Stabmixer pürieren und in einer Schüssel mit Kokosmilch, Chilisauce, Zitronengras und -saft, Koriander und Knoblauch vermengen. Zugedeckt 3 Stunden oder besser über Nacht in den Kühlschrank stellen.

DIE GURKEN diagonal in 1 cm dicke Scheiben schneiden. Die Hühnerfleischmischung darauf verteilen und mit Korianderblättchen garnieren.

FÜR 25 STÜCK

Thunfisch-Nori-Rollen

400 g Koshihikari-(Sushi-)Reis
80 ml Reisessig
2 Esslöffel Zucker
1 Messerspitze Salz
6 geröstete Noriblätter
120 g Thunfisch in Sushiqualität, in dünne Scheiben geschnitten
1 libanesische Gurke (130 g), entkernt und in dünne Stifte geschnitten
1 kleine Avocado (200 g), in dünne Stifte geschnitten
2 Esslöffel eingelegte Sushi-Ingwerscheiben
½ Teelöffel Wasabi (Pulver mit Wasser aufgelöst oder Paste)

Den Reis in gut einem halben Liter Wasser unbedeckt kochen, bis sich an der Oberfläche Löcher bilden und er weich ist. Abgießen und 5 Minuten stehen lassen. Reisessig, Zucker und Salz vermischen und unter den Reis rühren. Abkühlen lassen.

Ein Noriblatt mit der rauen Seite nach oben auf eine Bambusmatte legen, die Finger in Wasser tauchen, ein Sechstel des Reises darauf verteilen (rundherum einen 1 cm breiten Rand lassen) und mit der Handfläche festdrücken. Auf der Längsseite mittig eine kleine Furche ziehen und jeweils ein Sechstel des Thunfischs, der Gurke, der Avocado, des Ingwers und des Wasabis hineinlegen.

Den Vorderrand der Bambusmatte anheben und das belegte Noriblatt mit Druck aufrollen. Mit einem in Wasser getauchten scharfen Messer die Enden abschneiden und die Nori-Rolle in 6 gleich große Stücke schneiden. Auf einer dekorativen Platte anrichten. Mit den restlichen Noriblättern gleich verfahren.

Die Thunfisch-Nori-Rollen werden mit Sojasauce, eingelegten Ingwerscheiben und einer Extraportion Wasabi serviert.

Für 36 Stück

Lammkoteletts auf marokkanische Art

24 Koteletts aus der Lammkrone (1,5 kg)
40 g marokkanisches Tajine-Gewürz
250 g Baba Ghanoush (Auberginen-Dip, Rezept siehe Seite 108)
2 Teelöffel Kreuzkümmelsamen, geröstet

Die Lammkoteletts würzen, auf dem Grill oder in der Grillpfanne auf beiden Seiten bis zum gewünschten Garungsgrad (rare, medium oder well-done) anbraten.

Auf jedes Lammkotelett einen Klecks Baba Ghanoush (Auberginen-Dip aus Israel) geben und mit gerösteten Kreuzkümmelsamen garnieren.

Für 24 Stück

Käse-Tomaten-Teigkissen

1 Butterblätterteigplatte, fertig ausgerollt
100 g Boursin (französischer Doppelrahmkäse)
65 g Pesto aus sonnengetrockneten Tomaten in der Flasche
25 (100 g) getrocknete Tomaten in Öl, abgetropft
25 kleine Basilikumblätter

DEN BACKOFEN auf 190 °C vorheizen. Aus der Teigplatte insgesamt 25 Quadrate (5 x 5 cm) ausschneiden, auf ein eingefettetes Backblech legen und die Teigquadrate mit einer Gabel einstechen.

IM OFEN 20 Minuten goldbraun backen. Auf die Teigkissen kurz vor dem Servieren jeweils Käse, Tomatenpesto, eine getrocknete Tomate und ein Basilikumblatt als Garnitur platzieren.

FÜR 25 STÜCK

Baba Ghanoush

2 große Auberginen (1 kg)
70 g Joghurt
2 Esslöffel Zitronensaft
1 Knoblauchzehe, zerdrückt
60 g Tahini (Sesampaste)
2 Teelöffel gemahlener Kreuzkümmel
2 Esslöffel frisch gehackter Koriander

Den Backofen auf 190 °C vorheizen. Die Auberginen an mehreren Stellen einstechen und im Ganzen auf ein Backblech legen. Ungefähr 1 Stunde backen, dann 15 Minuten auskühlen lassen.

Die Auberginen schälen, das Fruchtfleisch in große Stücke schneiden und mit den übrigen Zutaten mit dem Stabmixer pürieren. Mit dem Koriander garnieren und nach Belieben mit Pitta servieren.

Für 2 grosse Schalen

Nachos-Snack

230 g Nachos (Maischips)
270 g Bohnen aus der Dose
60 g Sauerrahm
1 Esslöffel frisch gehackter Koriander
2 Teelöffel Cajun-Gewürz
125 g frisch geriebener Cheddar
2 kleine Tomaten, entkernt und in Streifen geschnitten
1 kleine Avocado (200 g), geschält und in Streifen geschnitten
2 Esslöffel frisch gehackte glatte Petersilie

Den Backofen auf 190 °C vorheizen. 60 große Chips auf eingefettete Backbleche setzen. Bohnen, Sauerrahm, Koriander und Cajun-Gewürz vermengen, auf die Chips verteilen und mit Käse bestreuen.

Im Ofen 8 Minuten knusprig backen.

Kurz vor dem Servieren mit Tomaten- und Avocadostreifen dekorieren und mit Petersilie bestreuen.

Für 60 Stück

Huhn-Mandel-Sandwichstreifen

Die Hühnerbrustfilets in heißem Wasser 15 Minuten köcheln, herausnehmen und abkühlen lassen. Das Hühnerfleisch fein schneiden. In einer großen Schüssel mit Mayonnaise und Sellerie gut vermischen.

Diese Mischung auf 12 von der Rinde befreite Toastbrotscheiben verteilen, mit Mandelblättchen bestreuen und mit den restlichen ebenfalls entrindeten Toastbrotscheiben bedecken. Jedes Sandwich in drei Streifen schneiden.

Für die Mayonnaise Eigelbe, Zitronensaft und Senf mit dem Schneebesen verrühren, das Öl in dünnem Strahl hinzufügen und so lange rühren, bis die Masse eindickt.

850 g Hühnerbrustfilets
300 g Sellerie, geschält und in feine Scheiben geschnitten
24 Toastbrotscheiben, entrindet
40 g Mandelblättchen, geröstet

Mayonnaise:
2 Eigelb
1 Esslöffel Zitronensaft
2 Teelöffel Dijonsenf
250 ml Olivenöl

Für 36 Stück

Pesto-Blätterteigsterne

30 g weiche Butter
2 Esslöffel Pesto (Rezept siehe Seite 94)
2 Butterblätterteigplatten, fertig ausgerollt
40 g frisch geriebener Parmesan

DEN BACKOFEN auf 190 °C vorheizen. Butter und Pesto in einer kleinen Schüssel vermengen. Diese Mischung auf die Blätterteigplatten verteilen und mit Parmesan bestreuen.

40 STERNE aus den Teigplatten ausstechen, auf gefettete Backbleche legen und im Ofen 10 Minuten goldbraun backen. Abkühlen lassen.

FÜR 40 STÜCK

Tahini-Dip

12 Knoblauchzehen
2 Teelöffel gemahlener Kreuzkümmel
1 Teelöffel Zitronenzesten
160 g Tahini (Sesampaste)
125 ml Zitronensaft
125 ml Wasser

DEN BACKOFEN auf 190 °C vorheizen. Die ungeschälten Knoblauchzehen auf ein Backblech legen, im Ofen ca. 10 Minuten backen, abkühlen lassen und schälen.

KNOBLAUCH, KREUZKÜMMEL, Zitronenzesten und Tahini mit dem Stabmixer pürieren, das Zitronensaft-Wasser-Gemisch in dünnem Strahl dazugießen und weiterpürieren. In eine große, dekorative Schale umfüllen, mit Kreuzkümmelpulver bestreuen und nach Belieben mit getoastetem Pitta servieren.

FÜR 1 GROSSE SCHALE

Pikante Blätterteigrollen

Die Kartoffeln weich kochen, abtropfen lassen und in einer großen Schüssel zerdrücken.

Öl in einer kleinen Pfanne erhitzen, darin Zwiebel und Knoblauch mit den Kräutern glasig dünsten. Zusammen mit dem Wurst- und Rinderhack zu den Kartoffeln geben und kräftig durchmischen.

Den Backofen auf 230 °C vorheizen. Die Blätterteigplatten halbieren und die Fleisch-Wurst-Kartoffel-Mischung darauf verteilen, dabei rundherum einen Rand freilassen und mit Ei bepinseln, zusammenrollen und die Rollen halbieren, mit Ei bestreichen und oben diagonal einschneiden. Auf eingefettete Backbleche setzen und im Ofen ca. 25 Minuten goldbraun backen.

Für 16 Stück

2 große Kartoffeln (600 g), geschält und geviertelt
2 Teelöffel Pflanzenöl
1 große Zwiebel (200 g), grob gerieben
2 Knoblauchzehen, zerdrückt
1 Teelöffel gemahlener Kreuzkümmel
1 Teelöffel mildes Currypulver
300 g fein gehackte Wurst
200 g fein gehacktes Rindfleisch
4 Blätterteigplatten, fertig ausgerollt
1 verquirltes Ei

Vietnamesische Frühlingsrollen

1 mittelgroße rote Paprika (200 g)
1 mittelgroße Karotte (120 g)
2 Esslöffel Erdnussöl
700 g Hühnerbrustfilets, längs halbiert
100 g Glasnudeln
1 Esslöffel geriebener frischer Ingwer
2 Knoblauchzehen, zerdrückt
4 Frühlingszwiebeln, fein geschnitten
1 Esslöffel frisch gehackte vietnamesische Minze
500 g Pak choi, fein gehackt
60 ml süße Chilisauce
1 Esslöffel helle Sojasauce
40 Frühlingsrollenhüllen (25 x 25 cm)
Pflanzenöl zum Frittieren

Süsse-Chilisauce-Dip:
80 ml süße Chilisauce
2 Esslöffel Zitronensaft
3 Frühlingszwiebeln, fein geschnitten

Die Paprikaschote halbieren, von Kerngehäuse, Stiel sowie Trennwänden befreien, kalt abspülen; Karotte schälen und beide in hauchdünne Stifte schneiden. In einem großen Topf die Hälfte des Öls erhitzen und die Hühnerbrüste auf allen Seiten goldbraun an- und durchbraten. Abkühlen lassen und in feine Stücke schneiden.

In der Zwischenzeit die Glasnudeln in einer feuerfesten Form mit kochendem Wasser übergießen, 2 Minuten stehen lassen, abgießen und grob schneiden. Das restliche Öl erhitzen und darin Ingwer, Knoblauch und Zwiebel glasig dünsten. In eine große Schüssel umfüllen und mit Karotte, Paprika, Huhn, Glasnudeln sowie Minze, Pak choi und Saucen gründlich vermengen. Jeweils einen Klecks dieser Mischung in eine Ecke der Hüllen setzen, zusammenrollen, die Enden einfalten und auf ein Blech legen.

Öl in einem großen Topf erhitzen und darin die Frühlingsrollen goldbraun ausbacken. Auf Küchenpapier entfetten und mit dem Süße-Chilisauce-Dip servieren (dafür alle Zutaten in einer kleinen Schüssel verrühren).

Für 40 Stück

Pesto-Dip mit Knoblauchpitta

1 Bund frisches Basilikum
1 Knoblauchzehe, zerdrückt
2 Esslöffel Pinienkerne, geröstet
2 Esslöffel frisch geriebener Parmesan
2 Esslöffel Olivenöl
2 Esslöffel Zitronensaft
300 g Sauerrahm

Für die Pittastücke:
4 große Pittas
150 g Butter, zerlassen
2 Knoblauchzehen, zerdrückt
50 g frisch geriebener Parmesan

Basilikum, Knoblauch, Pinienkerne, Parmesan, Olivenöl und Zitronensaft mit dem Stabmixer pürieren. In einer Schüssel mit Sauerrahm vermengen und mit knusprigem Knoblauchpitta servieren.

Für die Pittastücke den Backofen auf 190 °C vorheizen. Die Pittas halbieren, jede Hälfte in 8 tortenförmige Stücke schneiden und auf Backbleche setzen. Butter und Knoblauch vermengen und auf die Pittastücke streichen, mit Käse bestreuen und im Ofen 8 Minuten knusprig backen.

Für 1 grosse Schale und 64 Pittastücke

Kartoffelspalten auf Cajunart

Die gewaschenen, ungeschälten Kartoffeln halbieren und die Hälften jeweils in vier Spalten schneiden. Weich kochen, abgießen und abkühlen lassen. Den Backofen auf 230 °C vorheizen.

Öl, Butter und Gewürze in einer großen Schüssel verrühren, die Kartoffelspalten darin wälzen und auf eingefettete Backbleche setzen. Im Ofen 45 Minuten knusprig backen. Mit den Dips servieren.

Für die Dips jeweils die Zutaten in einer Schüssel verrühren.

Für 2 x 1 grosse Schale Dip und 64 Kartoffelspalten

8 mittelgroße Kartoffeln (ca. 1,5 kg)
60 ml Olivenöl
90 g Butter, zerlassen
2 Esslöffel gemahlener Kreuzkümmel

Für den Pesto-Dip:
300 g Sauerrahm
65 g Pesto, selbst gemacht oder aus dem Glas
20 g frisch geriebener Parmesan

Für die Süsse-Chilisauce-Dip:
80 ml süße Chilisauce
300 g Sauerrahm

Avocado-Pistazien-Pâté mit Kräutertoasts

2 mittelgroße reife Avocados (500 g)
125 g Frischkäse
2 Frühlingszwiebeln, fein geschnitten
1 Knoblauchzehe, zerdrückt
1 Teelöffel Zitronensaft
1 Messerspitze Chilipulver
2 Esslöffel fein gehackte Pistazien
1 Teelöffel frisch gehackte glatte Petersilie

FÜR DIE KRÄUTERTOASTS:
2 große Pittas
40 g Butter, zerlassen
½ Teelöffel getrockneter Rosmarin
½ Teelöffel getrocknetes Basilikum
½ Teelöffel getrockneter Thymian

DIE AVOCADOS schälen, in Stücke schneiden, mit Frischkäse, Frühlingszwiebeln, Knoblauch, Zitronensaft und Chilipulver mit dem Stabmixer pürieren.

ZWEI HOHE TASSEN mit Zellophan auskleiden, die Pistazien auf den Boden streuen und die Avocadomasse einfüllen. Zugedeckt mindestens 3 Stunden in den Kühlschrank stellen. Dann stürzen, die Plastikfolie entfernen, mit Petersilie bestreuen und mit Kräutertoasts servieren.

FÜR DIE KRÄUTERTOASTS den Backofen auf 190 °C vorheizen. Die Pittas halbieren, mit Butter einstreichen, mit der Kräutermischung bestreuen und auf Backbleche setzen. Im Ofen ca. 10 Minuten knusprig backen, abkühlen lassen und die Pittahälften in jeweils 6 Stücke brechen.

FÜR 2 PORTIONEN PÂTÉ UND 24 KRÄUTERTOASTS

Zwiebel-Ziegenkäse-Törtchen

Butter in einer Pfanne zerlassen und darin Zwiebeln und Knoblauch bei sanfter Hitze weich dünsten. Zucker, Essig und Wasser hinzugeben. Die Zwiebel-Knoblauch-Mischung unter Rühren karamellisieren.

In der Zwischenzeit den Backofen auf 230 °C vorheizen. Aus der Teigplatte 36 Kreise (Durchmesser 3,5 cm) ausstechen, auf ein gefettetes Backblech legen und im Ofen ca. 15 Minuten backen, bis sie aufgegangen und goldbraun sind. Abkühlen lassen.

Die Törtchen kurz vor dem Servieren mit der warmen Zwiebel-Knoblauch-Mischung und dem Frischkäse bekrönen und mit Thymianblättchen garnieren.

20 g Butter
2 große Zwiebeln (400 g), dünn geschnitten
1 Knoblauchzehe, zerdrückt
1 Esslöffel brauner Zucker
2 Teelöffel Aceto balsamico
1 Esslöffel Wasser
1 Butterblätterteigplatte, fertig ausgerollt
30 g Ziegenkäse oder Feta, zerbröselt
1 Esslöffel frisch gezupfte Thymianblättchen

Für 36 Stück

Krabbenküchlein mit Chili-Limetten-Dip

340 g Krabbenfleisch aus der Dose, abgetropft
650 g große frische Garnelen, von Schale und Darm befreit
1 Esslöffel rote Currypaste
1 Ei
2 Frühlingsziebeln, grob geschnitten
2 Esslöffel fein gehackter Koriander
2 Teelöffel fein geschnittenes Zitronengras
1 rote Thaichilischote, entkernt und geviertelt

Für den Chili-Limetten-Dip:
2 Esslöffel Limonensaft
2 Esslöffel Wasser
2 Teelöffel Fischsauce
2 Teelöffel Zucker
1 frisches Kaffir-Limettenblatt, fein geschnitten
1 rote Thaichilischote, entkernt und fein geschnitten

Krabben, Garnelen, Currypaste, Ei, Frühlingszwiebeln, Koriander, Zitronengras und Chilischote mit dem Stabmixer grob pürieren. Aus der Masse Küchlein formen.

Öl in einer großen Pfanne erhitzen, darin die Krabbenküchlein auf beiden Seiten goldbraun an- und durchbraten. Mit Chili-Limetten-Dip servieren (dafür die Zutaten in einer kleinen Schüssel so lange verrühren, bis sich der Zucker aufgelöst hat).

Für 30 Stück

Lachs-Kapern-Körbchen

2 Butterblätterteigplatten, fertig ausgerollt
200 g Ricotta
3 Teelöffel heißes Wasser
2 Esslöffel fein geschnittener Schnittlauch
3 Teelöffel Meerrettich
6 Scheiben (180 g) geräucherter Lachs, in Streifen geschnitten
2 Esslöffel abgetropfte Kapern
6 frische Dillzweiglein

DEN BACKOFEN auf 250 °C vorheizen. Aus den Teigplatten 16 Kreise (Durchmesser 5,5 cm) ausstechen, auf gefettete Backbleche legen und im Ofen 8 Minuten goldbraun backen. Abkühlen lassen und horizontal halbieren, sodass kleine Körbchen entstehen.

RICOTTA UND WASSER in einer Schüssel vermengen, Schnittlauch und Merrettich einrühren. Diese Mischung kurz vor dem Servieren in die Körbchen füllen, mit einem Lachsstreifen, einer Kaper und einem Dillzweiglein bekrönen.

FÜR 32 STÜCK

Marinierte & gegrillte Riesengarnelen

20 frische Riesengarnelen (1 kg)
1 mittelgroße Zwiebel (150 g), grob geschnitten
140 g Joghurt
½ Teelöffel gemahlene Kurkuma
½ Teelöffel Chilipulver
1 Esslöffel süßes Paprikapulver
1 Teelöffel frisch geriebener Ingwer
2 Knoblauchzehen, geviertelt
1 Esslöffel Zitronensaft

Die Riesengarnelen waschen, mit Küchenpapier abtupfen; Köpfe und Beine entfernen, Körper und Schwanz in der Schale belassen.

Joghurt, Gewürze und Zitronensaft in einer Schüssel verrühren und darin die Riesengarnelen wälzen. Zugedeckt über Nacht in den Kühlschrank stellen.

Die Riesengarnelen auf beiden Seiten grillen und gelegentlich mit der Marinade bepinseln.

Für 20 Stück

Register

A
Antipasti 8, 94
Artischocken 9
Auberginen in Knoblauch-Tomaten-Sauce 10
Auberginen, gegrillte, und Zucchini 9
Auberginendip 37
Auberginensalat alla caprese 20
Austern Kilpatrick 82
Austern Mornay 82
Austern Rockefeller 82
Austern, frittierte, mit Chilidressing 55
Avocado-Pistazien-Pâté 101

B
Baba Ghanoush (Auberginen-Dip) 106, 108
Blätterteigrollen, pikante 113
Blätterteigtaschen mit Champignons 34
Blumenkohl mit Krautervinaigrette 41
Bocconcini 8
Bocconcini, frittierte 25
Borlotti-Bohnen mit Tomaten 26
Bruschetta mit Paprika-Oliven-Topping 30f.
Bruschetta mit Tomaten-Basilikum-Topping 30f.
Bruschetta mit Zucchini-Pinienkern-Topping 30f.

C
Caesar Salad im Körbchen 72
Calamari-Salat, pikanter 22
Chicken Wings mit Knoblauch 58
Chili-Knoblauch-Champignons 9, 63
Chili-Limetten-Dip 121
Chorizo-Knoblauch-Spießchen 62
Chorizo-Parmesan-Bällchen 51
Crostini mit einem Topping aus gemischten Pilzen 17
Crostini mit Oliven-Kräuter-Topping 17
Crostini mit Tomaten-Sardellen-Topping 17

D
Dippers 98f., 116f.
Dips 37, 54, 65, 73, 79, 85, 100, 108, 112, 115ff., 121
Dolmádes 40

E
Empanadas 75

F
Feta, gebackener 96
Frittata mit Spinat, Pilzen und Käse 28
Frühlingsrollen, vietnamesische 115

G
Garnelen mit Knoblauch-Kräuter-Butter 48
Garnelen mit Tomaten, Thymian und Schafskäse 42
Garnelen-Krabben-Won-tons 100
Gemüse- und Kartoffelchips 77
Gemüse, grilltes, mit Balsamico-Dressing 14
Grissini 8
Guacamole 89

H
Hoisin-Huhn-Bällchen 73
Hühnerflügel, glasierte 93
Hühnerspieße 101
Huhn-Mandel-Sandwichstreifen 110
Hummus 79, 102

K
Karotten-Dip 79
Kartoffelecken mit Tomatendip 65
Kartoffeln mit geräuchertem Lachs 76

Kartoffelspalten auf Cajunart 117
Käsestangen 99
Käseteigtaschen, frittierte 12
Käse-Tomaten-Teigkissen 107
Knoblauchmayonnaise 87
Knoblauchpizza mit Pesto 27
Krabben-Dreiecke 91
Krabbenküchlein mit Chili-Limetten-Dip 121
Kräutertoasts 119

L
Lachs-Kapern-Körbchen 123
Lachs-Törtchen 91
Lammbällchen in Tomatensauce 47
Lamm-Chorizo-Empanadillas 56
Lamm-Knoblauch-Spieße 44
Lammkoteletts auf marokkanische Art 106
Linsen-Hummus-Toast 102

M
Mais-Schnittlauch-Dip, warmer 85
Meeresfrüchtesalat, warmer 60
Melone mit Prosciutto 29
Miesmuscheln, gratinierte 13
Mini-Pappadums mit Curryei 81
Muscheln mit Knoblauchmayonnaise 87

N
Nachos-Snack 109

O
Oktopus, gegrillter, mit Chili 53
Oliven 8, 94
Oliven-Sardellen-Dip 54

P
Paella-Kroketten 50
Paprika, gegrillte 9
Paprika, gegrillte, mit Kräuterdressing 59

Paprikaschoten, geröstete 94
Pesto 94, 116
Pesto-Blätterteigsterne 111
Pesto-Dip 117
Pesto-Dip mit Knoblauchpitta 116
Pesto-Pizzastücke 99
Pesto-Salat 94
Pilz-Schweinsohren 94
Prosciutto 8

R
Raita 101
Riesengarnelen, marinierte & gegrillte 124
Rindfleisch-Curry-Samosas 92
Roastbeef auf Baguette 80
Rote-Bete-Dip 79
Rucola-Polenta-Schnitten 24

S
Sardinen, frittierte 18
Schweinefleisch-Nudel-Bällchen 97
Skordalia mit Roter Bete 33
Spanakópita 70
Süße-Chilisauce-Dip 73, 117

T
Tahini-Dip 112
Taramá mit Artischocken 36
Taramosaláta 88
Thai-Huhn auf Gurkenbett 102
Thunfisch-Nori-Rollen 105
Tintenfische, eingelegte 94
Tomaten-Basilikum-Zwiebel-Salat 21

Z
Zucchini und Auberginen, gefüllte 39
Zucchini-Kartoffel-Kräuter-Plätzchen 45
Zwiebel-Ziegenkäse-Törtchen 120

Titelrezept
Blätterteigschnitten mit Tomaten,
Oliven & Anchovis
(für 20 Stück)

1 Pkg. Blätterteig (300 g)
5 Tomaten
20 Anchovisfilets
50 g schwarze Oliven, entsteint
4 EL Olivenöl
1 EL Kräuter der Provence
Salz
Pfeffer aus der Mühle

Blätterteigscheiben nebeneinanderliegend auftauen lassen. Jede Scheibe einmal waagrecht und senkrecht halbieren.
Tomaten waschen, Stielansatz entfernen und in Scheiben schneiden.
Auf jedes Blätterteigviereck eine Tomatenscheibe, ein Anchovisfilet und eine Olive geben. Mit Kräutern bestreuen und mit Öl beträufeln. Etwas salzen und pfeffern und im vorgeheizten Ofen auf einem mit Backpapier belegten Blech bei 180°C Umluft ca. 15 Min. goldbraun backen. Nach Belieben warm oder kalt servieren.

Deutsche Erstausgabe in Zusammenarbeit mit ACP Magazines Ltd, Australia.
Titel der Originalausgaben:
Bites © 2001 ACP Magazines Ltd, Australia
Tapas © 2001 ACP Magazines Ltd, Australia

Alle Rechte vorbehalten.

Deutsche Erstausgabe © 2008 by Verlagsgruppe Weltbild GmbH,
Steinerne Furt, 86167 Augsburg
Fotografie: Stuart Scott, Ian Hofstetter
Koordination und Bearbeitung der deutschen Ausgabe:
Dr. Alex Klubertanz, München
Übersetzung: Dr. Ulrike Kretschmer, München;
Christine E. Gangl, München
Umschlaggestaltung: Atelier Seidel – Verlagsgrafik, Teising
Umschlagmotiv: Blätterteigschnitten mit Tomaten, Oliven & Anchovis,
StockFood, München – Wolfgang Schardt
Gesamtherstellung: Typos, tiskařské závody, s.r.o., Plzeň
Printed in the EU
ISBN 978-3-8289-1329-5

2010   2009   2008
Die letzte Jahreszahl gibt die aktuelle Lizenzausgabe an.

Einkaufen im Internet:
www.weltbild.de